纪连海谈庄子

杂篇

纪连海 著

石油工业出版社

图书在版编目（CIP）数据

纪连海谈庄子：杂篇 / 纪连海著. —北京：石油工业出版社，2019.1
ISBN 978-7-5183-2913-7

Ⅰ.①纪… Ⅱ.①纪… Ⅲ.①道家②《庄子》-通俗读物 Ⅳ.①B223.5-49

中国版本图书馆CIP数据核字（2018）第219567号

纪连海谈庄子：杂篇
纪连海　著

出版发行：石油工业出版社
　　　　　（北京安定门外安华里2区1号　100011）
网　　址：www.petropub.com
编 辑 部：（010）64523607　图书营销中心：（010）64523633
经　　销：全国新华书店
印　　刷：北京晨旭印刷厂

2019年1月第1版　2019年1月第1次印刷
700×1000 毫米　开本：1/16　印张：19
字数：252千字

定　价：45.00元
（如发现印装质量问题，我社图书营销中心负责调换）
版权所有，翻印必究

中国历史上下五千年,悠久而漫长,在历史的长河中,中华民族用劳动和智慧创造了光辉灿烂的文明,积淀了独具魅力的文化。

文化是一个民族的标志,更是一个民族的灵魂。

中华文化是中华民族无数古圣先贤、风流人物、仁人志士对自然、人生、社会的思索、探求与总结,是我国各族人民的智慧源泉与精神支柱,是中华民族的尊严与标志,更是中华民族屹立于世界民族之林的形象,它既是中华民族智慧的凝结,更是道德规范、价值取向、行为准则的集中再现。

中华民族之所以历经磨难而不衰,非常重要的一点,就是中华文化营造出的强大的民族向心力。中华传统文化是中华文明成果根本的创造力,是民族历史上道德传承、各种文化思想、精神观念形态的总和。以现在的学科分类,则囊括了中国古代的哲学、宗教、政治、科技、历史、地理、文学、教育、经济、军事、文化、艺术、民俗诸多方面。概括来说,传统文化包括经史子集、十家九流,它以先秦经典及诸子之学为根基,涵盖两汉经学、魏晋玄学、隋唐佛学、宋明理学和同时期的汉赋、六朝骈文、唐宋诗词、元曲与明清小说并历代史学等一套特有而完整的文化、学术体系。观其构成,足见其之广博与深厚。

千百年来,中华文化融入我们每一个炎黄子孙的血液,铸成了中华民族的高尚品格,书写了辉煌灿烂的历史,成为人类文明的不可或缺

的组成部分。"己所不欲,勿施于人"的行为规范、"乐以天下,忧以天下"的政治抱负、"苟利国家,不求富贵"的报国情怀、"富贵不能淫,贫贱不能移,威武不能屈"的浩然正气、"志士仁人,无求生以害仁,有杀身以成仁"的献身精神、"知人者智,自知者明"的通达心态等,都传承着中华民族的精神基因,这是我们最深厚的文化软实力。

凝魂聚气,强基固本,习近平总书记就传承和弘扬中华优秀传统文化做出一系列重要指示。他指出:"我们决不可抛弃中华民族的优秀文化传统,恰恰相反,我们要很好地传承和弘扬,因为这是我们民族的'根'和'魂',丢了这个'根'和'魂',就没有根基了。""一个国家、一个民族的强盛,总是以文化兴盛为支撑的,中华民族伟大复兴需要以中华文化发展繁荣为条件。"

在2017年10月18日召开的中国共产党第十九次全国代表大会上,习近平总书记提出要深入挖掘中华优秀传统文化蕴含的思想观念、人文精神、道德规范,结合时代要求继承创新,让中华文化展现出永久魅力和时代风采。习近平总书记的讲话,为我们继承和弘扬传统文化指明了方向。

一个没有自己文化的国家,可能会成为一个大国甚至富国,但绝对不会成为一个强国。也许它会强盛一时,但绝不能永远屹立于世界强国之林。而一个国家若想健康持续发展,则必然有其凝聚民众的国民精神,且这种国民精神也必然是在其自身漫长的历史发展中由本国人民创造、形成的。中华民族的伟大复兴,中华巨龙的跃起腾飞,离不开传统文化的持久浸润与滋养。

传统文化对于个人的成长更为重要。众多的专家学者认为,一个人的精神启蒙,往往始于不可替代的传统经典。试想,当优秀传统文化的经典了然于心，熟能成诵，孔子、孟子、老子、庄子等伟大的先贤就与你的生命相伴了。有圣贤藏于心，笃于行，德必向善，学必精进，功自然成。潜心于传统文化，我们就会发现其蕴含的无法穷尽的智慧，并从中领略到恒久的治世之道与管理之智，体悟到超脱的人生哲学与立身之术。

中国人民在历经站起来、富起来的历史进步后，将迈入建设中国特色社会主义现代化强国"强起来"的新时代。历史悠久、光辉灿烂的中华传统文化，是一座人类文明的巨大宝库。系统地了解、认识中华文化精华，更好地继承中华民族优秀文化传统，激发民族自豪感，增强民族凝聚力，大力弘扬爱国主义精神，是我们应当担负起来的神圣的历史责任。

为了让更多读者从传统文化中受益，我们特别邀请了中央电视台"百家讲坛"著名主讲纪连海主编了这套"名家谈国学经典"丛书。

"名家谈国学经典"系列将分辑出版，这次出版的是第一辑，分别是《纪连海谈论语》《纪连海谈道德经》《纪连海谈黄帝内经》《纪连海谈孙子兵法》《纪连海谈三十六计》《纪连海谈孟子》《纪连海谈庄子》。这些经典著作高度浓缩了中华五千年文明的精华，包含了中华民族生存的大思想、大智慧。

丛书富有知识性、哲理性和可读性，尽量把艰难晦涩的传统文化予以通俗化、现实化的演绎，以古今中外的精彩案例解析深刻的文化内涵，让传统文化焕发出历久弥新的时代风采。丛书秉承了纪连海一贯的幽默活泼、接地气的语言风格，使读者在轻松愉悦和饶有趣味的阅读中，收获满满的人生感悟。

丛书瑕疵难免，错漏之处敬请读者批评指正。

　　庄子（约前369—前286），名周，字子休（一说子沐），战国时代宋国蒙（今河南商丘市东北）人。曾做过宋国地方的漆园吏，与梁惠王、齐宣王同时期人。家贫，曾借粟于监河侯（官名），拒绝了楚威王的厚币礼聘。

　　庄子是中国古代著名思想家、哲学家、文学家，是道家学派的代表人物，老子哲学思想的继承者和发展者，先秦庄子学派的创始人。他的学说涵盖着当时社会生活的方方面面，但根本精神还是归依于老子的哲学。后世将他与老子并称为"老庄"，称他们的哲学为"老庄哲学"。后世道教继承道家学说，经魏晋南北朝的演变，老庄学说成为道家思想的核心内容，庄子其人也被神化，并奉为神灵。《庄子》在唐代正式成为道家的经典之一，《庄子》和《周易》《老子》并称"三玄"。唐玄宗天宝元年（724年）二月，封庄子为"南华真人"，其著作《庄子》诏称《南华真经》。宋徽宗时，庄子又被封为"微妙元通真君"。

　　《汉书艺文志》著录《庄子》有五十二篇，后来留下来的只有三十三篇，乃由战国中晚期逐步流传、杂糅、附益，至西汉大致成形，然而当时流传版本今已失传。目前所传三十三篇，经西晋玄学家郭象整理，篇目章节与汉代亦有不同。现存《庄子》分"内篇""外篇""杂篇"三个部分，一般认为"内篇"的七篇文字是庄子所写，"外篇"的十五篇是庄子的弟子们所写，或者说是庄子与他的弟子及门人一起合作

写成的，它反映的是庄子真实的思想；"杂篇"十一篇的情形要复杂些，应当是庄子学派或者后来的学者所写，有人认为有些篇幅肯定不是庄子学派所有的思想，如《盗跖》《说剑》等。

《庄子》一书，文章汪洋恣肆，想象力很强，文笔变化多端，具有浓厚的浪漫主义色彩，多采用寓言故事形式，富有幽默讽刺的意味。它的出现，标志着在战国时代，我国的哲学思想和文学语言，已经发展到非常玄远、高深的水平，是我国古代典籍中的瑰宝。庄子不但是我国哲学史上一位著名的思想家，同时也是我国文学史上一位杰出的文学家，无论在哲学思想方面，还是文学语言方面，他都给予我国历代的思想家和文学家以深刻而巨大的影响。在思想、文学风格、文章体制、写作技巧上受《庄子》影响的人很多，以一流作家而论，就有阮籍、陶渊明、李白、苏轼、辛弃疾、曹雪芹等，由此可见其影响之大。鲁迅先生曾说他的作品"汪洋辟阖，仪态万方，晚周诸子之作，莫能先也"。

庄子的文章结构很奇特，看起来并不严密，常常突兀而来，行所欲行，止所欲止，汪洋恣肆，变化多端，有时似乎不相关，任意跳荡起落，但思想却能一线贯穿。句式也富于变化，或顺或倒，或长或短，加之词汇丰富，描写细致，又常常不规则地押韵，显得极富表现力，极有独创性。

庄子的思想包含着朴素辩证法因素，认为一切事物都在变化，他认为"道"是"先天生地"的，从"道未始有封"（即"道"是无界限差别的）。主张"无为"，放弃生活中的一切争斗。又认为一切事物都是相对的，因此他否定知识，否定一切事物的本质区别，极力否定现实，幻想一种"天地与我并生，万物与我为一"的主观精神境界，安时处顺，逍遥自得，倒向了相对主义和宿命论。

庄子在中国哲学史上，既是一位有着鲜明特色的伟大哲学家，又富有诗人的气质。在他的著作中，多用生动形象而幽默诡异的寓言故事来阐述自己的思想，这种寓言的方式使庄子的思想和想象具有流水一般的整体性。

庄子继承发扬了老子和道家的思想，形成了自己的哲学思想体系和独特的学风文风。他认为"道"是客观真实的存在，把"道"视为宇宙万物的本源，讲天道自然无为。在政治上主张无为而治，在人类生存方式上主张返璞归真。他把提倡仁义和是非看作是加在人身上的刑罚，对当时统治者的"仁义"和"法治"进行抨击，他对世俗社会的礼、法、权、势进行了尖锐的批判，提出了"圣人不死，大盗不止""窃钩者诛，窃国者为诸侯"的精辟见解。在人类生存方式上，他崇尚自然，提倡"天地与我并生，万物与我为一"的精神境界，并且认为人生的最高境界是逍遥自得，是绝对的精神自由，而不是物质享受与虚伪的名誉。

庄子看来，真正的生活是自然而然的，因此不需要去教导什么，规定什么，而是要去掉什么，忘掉什么，忘掉成心、机心、分别心。人活在世上，犹如"游于羿之彀中"，到处充满危险，所以庄子不愿去做官，因为他认为伴君如伴虎，只能"顺"。"逍遥"的境界是庄子哲学中另一个重要概念，这是个体精神解放的境界，即无矛盾地生存于世界之中。庄子并不否认矛盾，只是强调主观上对矛盾的摆脱。

庄子认为，一般人很虚伪，"人心险于山川，难于知天。天犹有春秋冬夏旦暮之期，人者厚貌深情"。他批评儒家"以仁义撄人之心"，这样会导致"天下脊脊大乱"。而君主的专制统治和对知识的爱好，只会使人心更加败坏，"民之于利甚勤，子有杀父，臣有杀君，正昼为盗，日中穴阫"。

可以说，庄子的这些思想和主张，对后世影响深远，是人类思想史上一笔宝贵的精神财富。无怪乎金圣叹认定《庄子》为"天下奇书"，也无怪李白都要吟诗高叹："万古高风一子休，南华妙道几时修。谁能造入公墙里，如上江边望月楼。"

庚桑楚 1
徐无鬼 26
则阳 76
外物 109
寓言 132
让王 150
盗跖 184
说剑 214
渔父 222
列御寇 234
天下 258

庚桑楚

原文

　　老聃之役有庚桑楚者①，偏得老聃之道②，以此居畏垒之山③，其臣之画然知者去之④，其妾之挈然仁者远之⑤；拥肿之与居⑥，鞅掌之为使⑦。居三年，畏垒大壤⑧。畏垒之民相与言曰："庚桑子之始来，吾洒然异之⑨。今吾日计之而不足⑩，岁计之而有余。庶几其圣人乎！子胡不相与尸而祝之⑪，社而稷之乎⑫？"

　　庚桑子闻之，南面而不释然⑬。弟子异之。庚桑子曰："弟子何异于予⑭？夫春气发而百草生，正得秋而万宝成⑮。夫春与秋，岂无得而然哉？天道已行矣。吾闻至人，尸居环堵之室⑯，而百姓猖狂不知所如往⑰。今以畏垒之细民而窃窃焉欲俎豆予于贤人之间⑱，我其杓之人邪⑲！吾是以不释于老聃之言。"

　　弟子曰："不然。夫寻常之沟⑳，巨鱼无所还其体㉑，而鲵鳅为之制㉒；步仞之丘陵㉓，巨兽无所隐其躯，而孽狐为之祥㉔。且夫尊贤授能，先善与利㉕，自古尧舜以然㉖，而况畏垒之民乎！夫子亦听矣㉗！"庚桑子曰："小子来！夫函车之兽㉘，介而离山㉙，则不免于网罟之患；吞舟之鱼，砀而失水㉚，则蚁能苦之。故鸟兽不厌高，鱼鳖不厌深。夫全其形生之人㉛，藏其身也，不厌深眇而已矣㉜，且夫二子者㉝，又何足以称扬哉！是其于辩也㉞，将妄凿垣墙而殖蓬蒿也㉟。简发而栉㊱，数米而炊，窃窃乎又何足以济世哉㊲！举贤则民相轧㊳，任知则民相盗㊴之数物者㊵，不足以厚民。民之于利甚勤，子有杀父，臣有杀君，正昼为盗，日中穴阫㊶。吾语女，大乱之本，必生于尧舜之间，其末存乎千世之后㊷。千世之后，其必有人与人相食者也！"

注释

①役使，指学徒、弟子。庚桑楚：人名，相传为老聃的弟子。

②得：独得。

③以：用词"而"。畏垒：山名。

④臣：仆役。画然：注重外表修饰的样子。去之：使之去，让他们离去。

⑤妾：侍妾，女仆。挈然：着力显示的样子。"挈然仁者"，是指着力标榜仁义的人。远之：使之远，使他们远离自己。

⑥拥肿：敦厚朴实。

⑦鞅掌：任性自得。

⑧壤：通"穰"，丰咚的意思。

⑨洒然：微微吃惊的样子。

⑩日计之：一天天地计算枚入。

⑪尸：主。祝：祭祀时主祭人的赞词。

⑫社：土神。稷：谷神。

⑬释然：快意、高兴。

⑭何异于予：对于我有什么诧异的。

⑮正得秋：正当秋天到来之际。

⑯尸居：像死尸一样地宁寂居处。堵：一方丈。

⑰猖狂：纵放不羁。如：往。

⑱细民：庶民百姓。俎豆：古代祭器，表示供奉、尊崇的意思。

⑲杓：标杓，"杓之人"指成为众人注目的人。

⑳寻常：古代八尺为一寻，一丈六尺为一常。

㉑还：通"旋"，回转的意思。

㉒鲵鳅为之制：鲵鳅小鱼、泥鳅。"鳅"是"鳅"字的异体。制：折，这里指转身自如。

㉓步仞：周代步、仞均作八尺讲。

㉔蘖狐：妖狐。祥：善。

㉕先善：以善为先。与利：给与利禄。

㉖尧舜以然：尧舜就是这样。

㉗听：听从，依顺。

㉘函：通"含"，包含容受的意思。

㉙介：独，孤单。

㉚砀：同"荡"。

㉛生：通"性"。

㉜眇：通"渺"，高远的意思。

㉝二子：指尧和舜。

㉞辩：通"辨"，分辨的意思。

㉟妄：妄行，胡乱地。殖：栽种。

㊱简：通"柬"，选择的意思。栉：梳头发。

㊲窃窃乎：细小而又计较的样子。

㊳轧：倾轧，伤害。

㊴盗：伪诈。

㊵之：此，用作指示代词。

㊶穴：用作动词，指打穿洞穴。阫：墙。"穴阫"是说在墙上打洞。

㊷末：这里指流毒与遗害。

纪老师说

老聃的弟子中有个叫庚桑楚，独得老聃真传，居住在北边的畏垒山，他让炫耀才智的人离去，让标榜仁义的人远离自己；敦厚朴实、任性自得的人跟他住在一起。三年后，畏垒山一带大丰收。人民相互传言，说庚桑楚刚来畏垒山，我们都微微吃惊感到诧异。如今我们一天天地计算收入虽然还嫌不足，但一年总的计算收益也还富足有余。庚桑楚恐怕就是圣人了吧！大家何不共同像供奉神灵一样供奉他，像对待国君一样地敬重他？

庚桑楚听了心里很不愉快地说："春天阳气蒸腾勃发百草生长，秋天庄稼成熟果实累累。春天与秋天，难道无所遵循就能够这样吗？这是自然规律的运行与变化。我听说道德修养极高的人，像没有生命的人一样虚淡宁静地生活在斗室小屋内，而百姓纵任不羁全不知道应该做些什么。如今畏垒山的百姓谈论想把我列入贤人的行列而供奉，我难道乐意成为众人所注目的人吗？"弟子说："小水沟里大鱼没法回转身体，可泥鳅能转身自如；矮小的山丘大野兽没法隐匿躯体，可妖狐正好得以栖身。况且尊重贤才授权能人，以善为先给人利禄，从尧舜时代起就是这样，何况畏垒山一带的百姓呢！先生你还是顺从大家的心意吧！"庚桑楚说："巨兽离开山野，就不能免于罗网的灾祸；大鱼被水波荡出水流，小蚂蚁也会使它困苦不堪。所以鸟兽不厌山高，鱼鳖不厌水深。保全身形本性的人，隐匿自己的身形，不厌深幽高远罢了。至于尧与舜两个人，不值得加以称赞和褒扬呢！举荐贤才人民就会相互出现伤害，任用智能百姓就会相互出现伪诈，不足以给人民带来好处。天下大乱的根源，必定是产生于尧舜的时代，而它的流毒和遗害又一定会留存于千年之后。千年之后，还可能出现人与人相食的情况哩！"

庄子借助于庚桑楚与弟子的谈话，指出一切都有其自然的规律，为政者只能顺"天道"而行，至于尧舜的做法，只能使民"相轧"，社会的动乱也就因此而起。

庚桑子只不过是按天地的道来安排自己的道，按天地的法则来规范自己的言行，所以他自认为很普通，而民众却想歌颂他，这使得他很不安。一个人如果超越自己的所能去享受名誉、地位、财富，那么时间不长他就会身败名裂。何况他认为尧舜没有从根本上让人民懂得道的问题，而只强调仁义，是不能解决问题的，只会引起社会更加混乱，所以才忧心如焚。

有人说，名誉、财富、地位、权力，对于自己养家糊口、承担社会责任是有一定意义的，甚至是不可或缺的。但是，我们同时应该看到，这些东西却不是人生的全部意义。

美国苹果公司联合创始人乔布斯在去世之前留下这样的话语：

"作为一个世界 500 强公司的总裁，我曾经叱咤商界，无往不胜，在别人眼里，我的人生当然是成功的典范。但是除了工作，我的乐趣并不多，到后来，财富于我已经变成一种习惯的事实，正如我肥胖的身体——都是多余的东西组成。此刻，在病床上，我频繁地回忆起我自己的一生，发现曾经让我感到无限得意的所有社会名誉和财富，在即将到来的死亡面前已全部变得暗淡无光，毫无意义了。

　　"现在我明白了，人的一生只要有够用的财富，就该去追求其他与财富无关的，应该是更重要的东西，也许是感情，也许是艺术，也许只是一个儿时的梦想。无休止的追求财富只会让人变得贪婪和无趣，变成一个变态的怪物——正如我一生的写照。

　　"上帝造人时，给我们以丰富的感官，是为了让我们去感受他预设在所有人心底的爱，而不是财富带来的虚幻。我生前赢得的所有财富我都无法带走，能带走的只有记忆中沉淀下来的纯真的感动以及和物质无关的爱和情感，它们无法否认也不会自己消失，它们才是人生真正的财富。"

　　乔布斯的遗言让人警醒，他让我们清醒地看到一个人处在这个物欲横流的世上，应该如何正确看待金钱与荣誉。

原文

南荣趎蹴然正坐曰①:"若趎之年者已长矣,将恶乎托业以及此言邪②?"庚桑子曰:"全汝形,抱汝生③,无使汝思虑营营④。若此三年,则可以及此言矣。"南荣趎曰:"目之与形⑤,吾不知其异也,而盲者不能自见;耳之与形,吾不知其异也,而聋者不能自闻;心之与形,吾不知其异也,而狂者不能自得。形之与形亦辟矣⑥,而物或间之邪?欲相求而不能相得⑦?今谓趎曰:'全汝形,抱汝生,勿使汝思虑营营。'趎勉闻道达耳矣⑧!"庚桑子曰:"辞尽矣。曰奔蜂不能化藿蠋⑨,越鸡不能伏鹄卵⑩,鲁鸡固能矣。鸡之与鸡,其德非不同也,有能与不能者,其才固有巨小也。今吾才小,不足以化子,子胡不南见老子⑪?"

南荣趎赢粮⑫,七日七夜至老子之所。老子曰:"子自楚之所来乎⑬?"南荣趎曰:"唯。"老子曰:"子何与人偕来之众也?"南荣趎惧然顾其后⑭。老子曰:"子不知吾所谓乎?"南荣趎俯而惭,仰而叹曰:"今者吾忘吾答,因失吾问。"老子曰:"何谓也?"南荣趎曰:"不知乎⑮?人谓我朱愚⑯。知乎?反愁我躯⑰。不仁则害人,仁则反愁我身;不义则伤彼,义则反愁我己。我安逃此而可?此三言者,趎之所患也,愿因楚而问之⑱。"老子曰:"向吾见若眉睫之间,吾因以得汝矣,今汝又言而信之。若规规然若丧父母⑲,揭竿而求诸海也㉠。女亡人哉㉑，惘惘乎㉒！汝欲反汝情性而无由入，可怜哉！"

南荣趎请入就舍，召其所好，去其所恶，十日自愁，复见老子。老子曰："汝自洒濯㉓，熟哉郁郁乎㉔！然而其中津津乎犹有恶也㉕。夫外韄者不可繁而捉㉖，将内揵㉗；内韄者不可缪而捉㉘，将外揵。外内韄者，道德不能持，而况放道而行者乎㉙！"

南荣趎曰："里人有病，里人问之，病者能言其病，然其病病者㉚，犹未病也。若趎之闻大道，譬犹饮药以加病也，趎愿闻卫生之经而已矣㉛。"老子曰："卫生之经，能抱一乎㉜？能勿失乎㉝？能无卜筮而知吉凶乎㉞？能止乎？能已乎？能舍诸人而求诸己乎？能翛然乎㉟？能侗然乎㊱？能儿子乎㊲？儿子终日嗥而嗌不嗄㊳，和之至也㊴；终日握而手不掜㊵，共其德也㊶；终日视而目不瞚㊷，偏不在外也㊸。行不知所之，居不知所为，与物委蛇㊹，而同其波㊺：是卫生之经已。"

南荣趎曰："然则是至人之德已乎？"曰："非也。是乃所谓冰解冻释者能乎？夫至人者，相与交食乎地而交乐乎天㊻，不以人物利害相撄㊼，不相与为怪，不相与为谋，不相与为事，翛然而往，侗然而来。是谓卫生之经已。"曰："然则是至乎？"曰："未也。吾固告汝曰：'能儿子乎？'儿子动不知所为，行不知所之，身若槁木之枝而心若死灰。若是者，祸亦不至，福亦不来。祸福无有，恶有人灾也！"

注释

①南荣趎（chú）：庚桑楚的弟子，姓南荣，名趎。蹵（cù）然：恭敬的样子。

②托业：把自己寄托给某一学业，即从事学习的意思。

③抱：保。

④营营：为谋求私利而四处奔忙的样子。

⑤本句语意有所隐含，"目之与形"是说盲人的眼睛与常人的眼睛的外形。

⑥辟：譬喻，这个意义后代写作"譬"。

⑦间：别。

⑧勉：勉强。达耳：还未能通晓于心。

⑨"曰"字在这里疑是一多余的字，上下也不能通达。奔蜂：小土蜂。藿（huò）蠋（zhú）：豆叶虫。

⑩越鸡：一种体型较小的鸡。鹄卵：天鹅蛋。

⑪南见：到南方去拜见。

⑫赢粮：带足干粮。

⑬楚：这里指庚桑楚。

⑭顾其后：回过头来看自己的身后。

⑮不知：不聪明，这里指混沌于尘俗。

⑯朱愚：愚昧无知。

⑰愁我躯：给身体带来愁苦和危难。

⑱这句语意有所隐含，"因楚"即凭借庚桑楚的引介。

⑲规规然：失神的样子。

⑳揭：举。求：探测。

㉑亡人：丧失真性的人。

㉒惘惘：迷惘昏昧的样子。

㉓洒：通"洗"。濯（zhuó）：洗涤。"洒濯"这里用作比喻，表

示自我反省。

㉔熟：甚。"熟"字亦作"孰"。

㉕津津乎：满溢的样子。犹：还；"犹有恶"是说还存在恶念。

㉖外：指感官。鞿（huò）：束缚。捉：通"促"，急促。

㉗揵（jiàn）：内心世界受到堵塞。

㉘缪：缠绕；这里喻指内心繁杂无绪。

㉙放：通"仿"，"放道"指学道。

㉚病病者：把自己的疾病看作是一种病状的人。

㉛卫生：养护生命。

㉜一：浑一，这里指身形与精神世界的谐合。

㉝失：这里指失却真性。

㉞卜筮：占卦。

㉟翛（xiāo）然：自由的、无拘无束的样子。

㊱侗然：心无执著的样子。

㊲儿子：幼儿。

㊳嗥（háo）：号哭。嗌（yì）：咽喉。嗄（shà）：嘶哑。

㊴靡之至：这里指声音谐和、自然。

㊵挖（niē）：同"捏"，拳曲的意思。

㊶共：拱。

㊷瞚（shùn）：同于"瞬"，眨眼。

㊸偏不在外：心里不偏滞于外物。

㊹委蛇：随顺应接。

㊺同其波：这里指随波逐流，听其自然。

㊻交食：与人共同而食。交乐：与人一块儿欢乐。

㊼撄：扰乱。

纪老师说

南荣趎说，我年纪大了，将怎样学习才能达到你所说的那种境界？庚桑楚说，保全你的身形，护养你的生命，不要使你的思虑为求取私利而奔波劳苦。像这样三年时间，那就可以达到我所说的那种境界了。南荣趎说，我还是不太明白你说的话呢。

庚桑楚说，我的话说尽了，你没有领会，你得到南方去拜见老子去。

南荣趎很听话，带足了干粮，走了七天七夜来到老子的住所求教。南荣趎说，不具仁爱之心便会伤害他人，推广仁爱之心反而给自身带来愁苦和危难。不讲信义便会伤害他人，推广信义反而给自己带来愁苦和危难。这三句话所说的情况正是我忧患的事，希望获得赐教。老子说，你确实是一个丧失了真性的人啊，是那么迷惘而又昏昧！你一心想返归你的真情与本性却不知道从哪里做起，实在是值得同情啊！

南荣趎回到寓所，求取自己所喜好的东西，舍弃自己所讨厌的东西，整整十天愁思苦想，再去拜见老子。老子说，你作了自我反省，郁郁不安的心情实在是沉重啊！然而你心中那充满外溢的情况说明还是存有邪念。外物的束缚使你不可避免繁杂与急促，内心世界堵塞不通，外部感官必定会闭塞不通。外部感官和内心世界都被束缚缠绕，即使道德高尚也不能持守，何况是刚学道仿行的人呢！

南荣趎说，我只希望能听到养护生命的常规罢。老子说行走起来不知道去哪里，平日居处不知道做什么，接触外物随顺应合，如同随波逐流、听其自然：这就是养护生命的常规。

南荣趎问,这就是至人的最高思想境界吗?老子回答说:不是。说道德修养最高尚的人,不因外在的人物或利害而扰乱自己,无拘无束、自由自在地走,又心神宁寂无所执着地到来。这就是所说的养护生命的常规。至于最高的境界,应该能够像初生的婴儿那样纯真、质朴,身形像枯槁的树枝而心境像熄尽了的死灰。这样的人,灾祸不会到来,幸福也不会降临。

南荣趎可能最终没有听懂庚桑楚和老子的话,庚桑楚的意思是要他恢复人的本性,而老子的意思是要他像婴儿一样无私无我。老子为什么要用儿童这样来比喻呢?因为儿童的私心私欲还没有发展起来,儿童虽然亦有欲望,但不是很自私,不会损人来利己。既然不损别人别物,那么别人别物也就不会来损他。如果欲念支配了精神就叫作逞强,用现在说就叫作"攀比",过多的欲念就是攀比心理的根源。因炫耀与歧视而出现攀比心理,因攀比而出现了逞强,因逞强就会引来事物的发展壮大,因事物的发展壮大就会引来灾祸。这就是事物发展的规律。

做人就应该这样不攀比,不抱怨,不计较,多包容,多理解,多付出。我不羡慕别人的收入,因为我知道他日日夜夜的艰辛;也不羡慕别人说走就走的自由,我知道他为这份自由付出的代价,更不羡慕别人,不用上班有人养,却不知她在多少个日日夜夜流泪和等待。一切都有代价,无论是财富、事业、还是自由,所以不必羡慕,生活不在别处,而在于你付出了多少,就会收获多少。

《世说新语》给我们讲述了这样一个故事:庞统听说司马徽在颖川,特地从两千里之外赶来看望他。到了那里,正遇上司马德操采桑叶,庞士元在车里对他说:"我听说大丈夫处世,应当带金印佩紫绶,哪能窝窝囊囊,做这些妇人做的事呢!"德操说:"你先下车吧。你只知道抄小路便利，却不考虑迷路的危险。从前伯成宁愿种地，也不羡慕诸侯的荣华；原宪桑枢瓮牖，也不愿做官住毫宅。哪有住在华丽屋子里，出门骑着高头大马，几十个侍女环绕的人能做出一番伟业呢？这就是为什么许右、巢父慷慨辞让，伯夷、叔齐感叹国家灭亡、饿死首阳山的原因呀。即使吕不韦窃取了相国那样的高官，齐景公有四千匹马的财富，也不显得珍贵啊。"

司马徽被庞统称为"江南第一名士"，这不是没有原因的。

不要攀比，懂得放下，才能在成功的路上走得更久。放下那些不适合自己去充当的社会角色，放下束缚你的人情世故，放下伪装你的功名利禄，放下徒有虚荣的奉承夸奖，放下各种蒙住你眼睛的遮羞布，你才能够腾出手来，用足够的精力和智慧来赢取你真正应该有的东西。充分地努力做好自己应该做的事，自由自在地发掘自己的潜力，主体明确地直奔自己应该追求的目标，坚定不移地走自己的路，充分实现自己的人生价值。

原文

宇泰定者①,发乎天光②。发乎天光者,人见其人③,物见其物。人有脩者④,乃今有恒⑤;有恒者,人舍之⑥,天助之。人之所舍,谓之天民;天之所助,谓之天子。

学者,学其所不能学也;行者,行其所不能行也;辩者⑦,辩其所不能辩也。知止乎其所不能知,至矣;若有不即是者,天钧败之⑧。

备物将以形⑨,藏不虞以生心⑩,敬中以达彼⑪,若是而万恶至者,皆天也⑫,而非人也,不足以滑成⑬,不可内于灵台⑭。灵台者,有持而不知其所持⑮,而不可持者也。不见其诚己而发⑯,每发而不当⑰,业入而不舍⑱,每更为失。为不善乎显明之中者,人得而诛之;为不善乎幽闲之中者⑲,鬼得而诛之。明乎人,明乎鬼者,然后能独行。

券内者⑳,行乎无名;券外者,志乎期费㉑。行行无名者,唯庸有光㉒;志乎期费者,唯贾人也㉓,人见其跂㉔,犹之魁然㉕。与物穷者㉖,物入焉㉗;与物且者㉘,其身之不能容,焉能容人!不能容人者无亲,无亲者尽人㉙。兵莫憯于志㉚,镆铘为下㉛;寇莫大于阴阳㉜,无所逃于天地之间。非阴阳贼之㉝,心则使之也。

注释

①宇：器宇，惯常指胸襟、气度，而这里主要指心境。泰：安泰。

②天光：自然之光。

③见（xiàn）：呈现。

④脩：同于"修"，修养。

⑤恒：常，这里指保持较高的道德修养境界。

⑥舍：滞留，舍止。引申指归于一处。

⑦辩：通"辨"，分辨的意思。

⑧天钧：自然的本性。

⑨备：具备。物：指形成耳目之物。将：养。

⑩藏：匿藏，这里指收敛外情。虞：虑。生心：使心生，使心境快活而有生气。

⑪中：内心的灵智。达彼：通达于外物。

⑫"皆天也"是说都是自然的结果。

⑬滑：乱。"滑成"指扰乱成性。

⑭内（nà）：纳入。灵台：即灵府，指内心。

⑮持：持守，操持。

⑯不见其诚己：不能表现自身的真诚。发：发作，表指情感的外驰。

⑰每：虽。当：中，合适。

⑱业：事。

⑲幽闲（閒）：亦作"幽冥"。指暗处。

⑳券：契据，指名分。"券内"是谗名分合向乎自身。

㉑期：通"蘩"。"期费"，即穷尽财物。

纪连海谈

㉒庸：平常。

㉓贾（gǔ）：商人。

㉔跂（qǐ）：通"企"，踮起脚尖，这里喻指奋力追求分外的东西。

㉕魁然：安稳的样子。

㉖"与物穷"即与物顺应相通。

㉗入：归依；"入焉"即归依于他。

㉘且：通"阻"，与上句的"穷"字之义相反。

㉙尽：绝。"尽人"即尽于人，为人们所弃绝的意思。

㉚憯（cǎn）：通"惨"。

㉛镆铘：即莫邪，古代宝剑之名。

㉜寇：敌。阴阳：这里指阴阳的变异。

㉝贼：伤害。

纪老师说

庄子的意思是说人们大多数都有"我"，有"私"，因此有"我"有"私"的言行就不会被谅解，不会被赦免。而学习的人，当然是学习他所能学习的知识，不能去学的知识，怎么能学呢？行为的人，当然是行为于他所能行为的事，不能行为的事，怎么去行为呢？辨别事物的人，当然是辨别他所能辨别的事物，不能辨别的事物，怎么去辨别呢？所以，不干自己所不能干的事，上天就会让他成功。换句话说，干自己能干的事情，必然会成功。干自己不能干的事情，必然不会成功。心灵有操守，当然就必须知道所操守的是什么，从而可以把持住自己的所有言行。

然后庄子又论述内心的真诚，自己都还是虚情假意，怎么对外阐明呢？自己都还是虚情假意的事情，就对外阐明了，那么必然会导致失败，必然会遭到谴责。与内心订有契约，是说内心已树立了一定的信念、观念，自己的言行受到内心信念的约束。而与外人外物订有契约，是说已向外人外物作了承诺，因此他的言行不会受到信念的约束。换句话说，他没有信念，所以对自己的言行没有约束，能约束他的只有与外人的承诺与契约。但是某些疯狂的人，连承诺与契约都会推翻。

在庄子看来，名誉地位财富充其量只是人生中的目标，而不可能是信念，所以庄子认为，有信念的人不会为了名誉地位财富而企求，而与外承诺的人，则会为了名誉地位财富而企求，而推翻契约。所以说，我们认识人、判断人，关键是要看这个人内心有没有持守，有没有信念，有没有真诚，还要看他的企求是什么，如果都没有，那么这个人随时随地都会为了名誉地位财富而出卖你，从而达到他的企求。所以，不是天地伤害人，也不是阴阳伤害人，也不是武器伤害人，而是自己伤害自己。因此，我们每个人都要保持心境安泰，不能让外物扰乱自己的"灵台"。

莫言荣获2012年诺贝尔文学奖后，各界人士都在热议高论，采访的记者多如过江之鲫，文学爱好者也趋之若鹜，书店里的莫言著作一抢而空，相干不相干的大学都在竞相邀请莫言当名誉教授……面对此情此景，莫言淡定地说："只希望尽快从喧嚣中摆脱出来，大家该干嘛干嘛去。"正因为莫言有一种豁达超脱的胸襟，有一种洞穿名利虚荣的睿智，才不被盛名高誉所陶醉、所捧杀。

因此，拥有超越功利之上的情怀，守住自己的"灵台"，人生才有余裕，才有畅享平静的闲适。

纪连海谈 庄子

原文

道通①。其分也②,其成也毁也。所恶乎分者③,其分也以备;所以恶乎备者,其有以备。故出而不反④,见其鬼;出而得,是谓得死。灭而有实⑤,鬼之一也⑥。以有形者象无形者而定矣。

出无本,入无窍⑦。有实而无乎处,有长而无乎本剽⑧,有所出而无窍者有实。有实而无乎处者,宇也⑨。有长而无本剽者,宙也⑩。有乎生,有乎死,有乎出,有乎入,入出而无见其形,是谓天门⑪。天门者,无有也,万物出乎无有,有不能以有为有⑫,必出乎无有,而无有一无有⑬。圣人藏乎是。

古之人,其知有所至矣⑭。恶乎至?有以为未始有物者,至矣,尽矣,弗可以加矣。其次以为有物矣,将以生为丧也,以死为反也,是以分已。其次曰始无有,既而有生,生俄而死;以无有为首,以生为体,以死为尻⑮;孰知有无死生之一守者⑯,吾与之为友。是三者虽异,公族也⑰;昭景也⑱,著戴也⑲,甲氏也⑳,著封也㉑,非一也㉒。

有生,黬也㉓,披然曰移是㉔。尝言移是,非所言也㉕。虽然,不可知者也㉖。腊者之有膍胲㉗,可散而不可散也㉘。观室者周于寝庙㉙,又适其偃焉㉚,为是举移是㉛。

请常言移是㉜。是以生为本,以知为师。因以乘是非㉝,果有名实㉞;因以己为质㉟,使人以为己节㊱,因以死偿节。若然者,以用为知，以不用为愚，以彻为名㊲，以穷为辱，移是，今之人也，是蜩与学鸠同于同也㊳。

> **注释**
>
> ①通：指通达于万物。
>
> ②本句应为"其梦也成也"。
>
> ③恶：厌恶，不喜欢。
>
> ④出：这里指精神离欢，外逐欲情。
>
> ⑤灭：迷灭本性。有实：徒有外形。
>
> ⑥一：同样的。"鬼之一"是说跟鬼一样。
>
> ⑦窍：孔穴，敛髃之所。
>
> ⑧剽（piāo）：末梢；"本剽"亦即本末。
>
> ⑨宇：四方上下、没有边际的空间。
>
> ⑩宙：古往今来没有极限的时间。
>
> ⑪天门：自然之门。
>
> ⑫以有为有：用有来产生有。
>
> ⑬一：全。
>
> ⑭以下数句已见于《齐物论》。
>
> ⑮尻（kāo）：臀部。
>
> ⑯一守：或作"一宗"，归结于一体的意思。
>
> ⑰公族：同一宗源。
>
> ⑱昭、景：楚国王族中的两个姓氏。楚王族为三姓，即昭、景、屈。
>
> ⑲著戴：世代因做官而尊显。

㉠甲：通"屈"。

㉑著封：世代因封赏而尊显。

㉒非一：姓氏不相同。

㉓黥：疵，脸上的黑斑。

㉔披然：分散移徙的样子。移是："移"含有不确定的意思，"是"则以"此"对应"彼"，借"此"与"彼"喻指"是"与"非"，"移是"便含有移徙是与非的意思。

㉕非所言：不足以谈论。

㉖本句大意是即使谈论也是不可以知道的。

㉗腊：古代年终时的大祭。膍（pí）：牛的胃，泛指内脏。胲（hǎi）：牛蹄，泛指四肢。

㉘可散：可以分别陈列。不可散：指必须保持牛牲的整体。

㉙周：周旋。寝庙：宗庙，古代宗庙的前殿为祭之用，称作庙；后殿用于藏先人的衣冠，称作寝。

㉚适：往。偃：厕所。

㉛为是：像上述这些。

㉜常言：尝言，试着说一说。

㉝以：乃"以之"之省。

㉞名实：喻指次要和主要的不同名分。

㉟质：主。

㊱节：节操。

㊲彻：通达。

㊳蜩与学鸠：喻指见识短浅者。

原文

蹍市人之足①，则辞以放骜②，兄则以妪③，大亲则已矣④。故曰，至礼有不人⑤，至义不物⑥，至知不谋⑦，至仁无亲⑧，至信辟金⑨。

彻志之勃⑩，解心之谬⑪，去德之累，达道之塞。贵富显严名利六者，勃志也。容动色理气意六者，谬心也。恶欲喜怒哀乐六者，累德也。去就取与知能六者，塞道也。此四六者⑫，不荡胸中则正，正则静，静则明，明则虚，虚则无为而无不为也。道者，德之钦也⑬；生者，德之光也；性者，生之质也。性之动，谓之为；为之伪，谓之失。知者，接也⑭；知者，谟也⑮；知者之所不知，犹睨也⑯。动以不得已之谓德⑰，动无非我之谓治⑱，名相反而实相顺也⑲。

羿工乎中微而拙乎使人无己誉⑳。圣人工乎天而拙乎人。夫工乎天而俍乎人者㉑，唯全人能之㉒。唯虫能虫㉓，唯虫能天㉔。全人恶天，恶人之天，而况吾天乎人乎！

一雀适羿，羿必得之，威也；以天下为之笼，则雀无所逃。是故汤以胞人笼伊尹㉕，秦穆公以五羊之皮笼百里奚㉖。是故非以其所好笼之而可得者，无有也。

介者拸画㉗，外非誉也㉘；胥靡登高而不惧㉙，遗死生也。夫复謵不馈而忘人㉚；忘人，因以为天人矣㉛。故敬之而不喜，侮之而不怒者，唯同乎天和者为然㉜。出怒不怒㉝，则怒出于不怒矣；出为无为㉞，则为出于无为矣。欲静则平气，欲神则顺心㉟。有为也欲当㊱，则缘于不得已㊲。不得已之类，圣人之道。

注释

①蹍（niǎn）：踩踏。

②辞：辞谢，道歉。骜（ào）：通"傲"，放肆，不小心的意思。

③妪：抚爱。

④大亲：父亲、父母。

⑤不人：不分彼此，视人若己。

⑥不物：不分物我，各得其宜。

⑦知：智。

⑧无亲：没有偏私，不必格外表示亲近。

⑨辟：摒除。"辟金"是说不须使用金钱。

⑩彻：毁除。勃：亦作"悖"，扰乱的意思。

⑪谬：通"缪"，缠束的意思。下同此解。

⑫四六：指上述四个方面各六种情况。

⑬钦：敬仰。

⑭接：应接。

⑮谟：谋。

⑯睨：通"瞰"，斜视。

⑰动以不得已：有所举动但出自不得已。

⑱动无非我：有所举动但不是为了自我。

⑲名、实：均用作动词，分别指追求名声和讲求实际。

⑳羿：人名。工：巧；"工乎"即精于。中微：射中细微之物。无己誉：不称誉自己。

㉑俍（liáng）：善。

㉒全人：旧注指全德之人，即能顺应自然而又能周旋于人世的人。

㉓能虫：能像虫豸一样地生活。

㉔能天：能够禀赋于自然。

㉕胞：通"庖"。伊尹：商汤时代的名相。

㉖百里奚：秦穆公时的贤大夫，相传秦穆公曾用五张羊皮把他买回秦国，并委以政事，故又称"五羖大夫"。

㉗介者：只有一只脚的人。拸（chī）画：去除装饰。

㉘外非誉：以非誉为外，把毁誉置之度外。

㉙胥靡：服劳役的囚徒。

㉚謵（xí）：言语谦和。馈：赠送，这里指回报。

㉛天人：旧注指合于自然之理而忘于人道之情的人。

㉜天和：自然的顺和。

㉝"出怒不怒"是说发出怒气但不是有心而怒。

㉞"出为无为"是说有所作为但不是有心而为。

㉟神：用作动词，指保持心神的宁寂。

㊱欲当：须得适当。

㊲缘：顺。

纪老师说

庄子论"道"，说万物各自具备道，所以才各自具备特性，万物的道，没有什么根本，也没有什么末梢，进来出去也没有什么孔窍，你想走哪条道，走就是了，只要改变了你的言行，你就会走上另一条道。圣人把"道"视为"有"，而众人把"道"视为"无"，有不能从有中产生，一定要从无有中产生出来，而无有本来就是没有。所以，圣人的美好就在这个地方。

人们认识世界都是有限度的，所以不能把现在的真理当成是永远的真理，最终的真理。人类的道路是漫长的，我们看不到尽头，我们只能

看到自己一生的道路。所以我们只能自己把握住自己的人生道路。昭氏、景氏、甲氏，这三个公族在社会上都是一样的，但他们的发展道路不一样。其实，每个人的人生道路都是不一样的，我们只能把握好自己的人生道路。

接下来庄子讨论是非的问题，说有人面上生了黑痣，这是天生带来的；有的人喜欢，有的人不喜欢。腊祭时祭品中有赏赐的牛蹄，这是牛天生有脚，献上一整只牛，能不带牛脚吗？有的人喜欢牛蹄，有的人不喜欢牛蹄。人群中有是非，是因为每个人站的立场不同，角度不同，是因为每个人的思想意识观念不一样，所以一件事的是非问题，是不能分辨清楚的。所以，以有用的就以为是智慧，以无用的就以为是愚蠢，就是很不正确的推断。以通达的就有名声，以穷塞的就是耻辱，也是不正确的。你以为对的，也许我认为是错，我以为对的，也许你认为是错，就像人没有好人坏人之分是一样的。好人经常会做坏事，坏人经常会做好事，其实，人不能分好坏。所谓的好坏，只不过是行为方式恰当不恰当的问题。所以，我们不能用自己狭隘的立场观点来判断复杂的社会，而是要用人们公认的社会行为规范来衡量一切。

庄子认为，最好的礼仪就是不分彼此视人如己，最好的道义就是不分物我各得其宜，最高的智慧就是无须谋虑，最大的仁爱就是对任何人也不表示亲近，最大的诚信就是无须用贵重的东西作为凭证。

无须谋虑，各得其宜，视人如己，这些话说得很有哲理，也很得体，它让我想起庄子在《山木》一文中提到的"君子之交淡若水，小人之交甘若醴"。

马克思和恩格斯相处有40年的时间，为了马克思能够集中精力研究革命理论，恩格斯违背自己本来的意愿去从事商业工作，在经济上资助贫困的马克思。他们曾20年身处两地，思想和心灵的沟通却始终不断。当恩格斯患病时，马克思在给他的信中说："我关心你的身体健康，如同自己患病一样……"不求回报的支持，两地一心的牵挂，还有什么比彼此间的扶持和关心来得更长久？

庄子认为，高贵、富有、尊显、威严、声名、利禄能扰乱意志。容貌、举止、美色、辞理、气调、情意能束缚心灵。憎恶、欲念、欣喜、愤怒、悲哀、欢乐会牵累道德。离去、靠拢、贪取、施与、智虑、技能会堵塞大道。所以要毁除意志的干扰，解脱心灵的束缚，遗弃道德的牵累，打通大道的阻碍，这样以后就能恬适顺应无所作为而又无所不为。羿能射中飞来的小雀，精于射中微细之物而拙于人们不称誉自己。商汤和秦穆公投其所好笼络人。但圣人混同于自然顺和之气，精于顺应自然而拙于人为，他们做事建立在不得已的基础之上。

因此，人们有了内心的持守与信念，就能把握住人生道路。而所谓的有为，就是按自我意愿有意识地去行为，所谓的无为，就是按照道和规律无自我意识地去行为，不得已而为。

电影《肖申克的救赎》的男主角安迪，因为一级谋杀罪被判处两个无期徒刑。后来，狱中的安迪冒天下之大不韪在喇叭中播放了一曲意大利歌剧《费加罗的婚礼》，天籁般的声音顿时让整个喧闹的监狱安静了下来。黑人老头瑞德说，就在那一刹那，鲨堡监狱的每一个人都感到了自由。安迪说，这就是意义所在。你需要它，就好像自己不能忘记：这个世界上还有不是用石头围起来的地方。不要忘记：自己的内心还有自己的东西，他们碰不到的东西。

尊崇内心，心无旁系，坚持内心的持守与信念，这是庄子告诉我们的，它充溢了哲学味道。

徐无鬼

原文

徐无鬼因女商见魏武侯①，武侯劳之曰②："先生病矣③！苦于山林之劳，故乃肯见于寡人。"徐无鬼曰："我则劳于君，君有何劳于我！君将盈耆欲④，长好恶，则性命之情病矣⑤；君将黜耆欲⑥，挈好恶⑦，则耳目病矣。我将劳君，君有何劳于我！"武侯超然不对⑧。

少焉，徐无鬼曰："尝语君，吾相狗也⑨。下之质执饱而止⑩，是狸德也⑪；中之质若视日⑫，上之质若亡其一⑬。吾相狗，又不若吾相马也。吾相马，直者中绳⑭，曲者中钩，方者中矩，圆者中规，是国马也，而未若天下马也⑮。天下马有成材⑯，若恤若失⑰，若丧其一⑱，若是者，超轶绝尘⑲，不知其所⑳。"武侯大悦而笑。

徐无鬼出，女商曰："先生独何以说吾君乎㉑？吾所以说吾君者，横说之则以《诗》《书》《礼》《乐》㉒，从说之则以《金板》《六韬》㉓，奉事而大有功者不可为数，而吾君未尝启齿㉔。今先生何以说吾君，使吾君说若此乎？"徐无鬼曰："吾直告之吾相狗马耳。"女商曰："若是乎？"曰："子不闻夫越之流人乎㉕？去国数日㉖，见其所知而喜㉗；去国旬月，见所尝见于国中者喜；及期年也㉘，见似人者而喜矣㉙；不亦去人滋久㉚，思人滋深乎？夫逃虚空者㉛，藜藋柱乎鼪鼬之迳㉜，踉位其空㉝，闻人足音跫然而喜矣㉞，又况乎昆弟亲戚之謦欬其侧者乎㉟！久矣夫，莫以真人之言謦欬吾君之侧乎！"

注释

①徐无鬼：人名，相传为魏国隐士。因：借，靠。女商：魏武侯的近臣，姓女名商。

②劳：慰劳。

③病：极度困惫。以下同此解。

④盈：满足。耆：爱好。

⑤情：真。

⑥黜（chù）：废除。

⑦掔（qiān）：通"牵"。

⑧超然：怅然。

⑨相狗：善于观察狗的体态以定其优劣。

⑩质：材质。执饱而止：只求填饱肚子就算了。

⑪狸德：像野猫一样的禀性。

⑫视日：凝视上方，说明意气高远。

⑬一：指整个身躯。

⑭绳、钩、矩、规都是用来制取直、弧、方、圆的工具。

⑮天下马：整个天下最好的马。

⑯成材：天生的材质。

⑰恤：忧虑；这里指马举蹄舒缓。失：通"佚"，快逸的意思。

⑱丧其一：与"亡其一"同义。

⑲轶：过。

⑳本句语意有所隐含，"不知其所"即不知其所由。

㉑说：喜悦。

㉒横:指"远","横说"即从远处说起。

㉓从:指"近","从说"即从近处说。金板六韬(sǒu):太公兵法。

㉔启齿:开口,这里指露出笑容。

㉕越乏流人:越地流放的人。

㉖去国:离开都城。

㉗知:知遇;"所知"即熟人、朋友。

㉘期年:周年,即一整年。

㉙似人者:好像是同乡的人。

㉚去人:离开故人。滋:越。下句同。

㉛虚空:空旷之野,指少有人迹的地方。

㉜藜藿(huò):杂草。鼪(shēng)鼬:黄鼠狼。迳:山野中的小路。

㉝跟:即"跟跄",走不稳,跌跌撞撞的样子。位:居于其间的意思。

㉞跫然:脚步声。

㉟謦(qǐng)欬:咳嗽,这里指谈笑。

纪老师说

徐无鬼拜见魏武侯,魏武侯以为徐无鬼是自身困苦来求安慰的,却不料徐无鬼是来安慰魏武侯的,他觉得魏武侯疲惫不堪,已处在困顿乏厄之中。于是魏武侯闹了个大尴尬。

徐无鬼做了个大比喻,说自己靠体态相狗不如相马之术,说天下最好的马是天生的材质,长的合乎规矩,走跑之间总像是忘记了自身的存在,有高超的本领。结果魏武侯听了非常高兴。

女商感到没脸,觉得自己跟魏武侯谈论《诗》《书》《礼》

《乐》，谈论太公兵法，别人也曾做过这些事情，都没有使魏武侯高兴过，怎么徐无鬼一谈论相马之术，君主就高兴的不得了呢？徐无鬼又对他做了个比喻，流亡人离开都城几天，见到故交旧友便十分高兴；离开都城十天整月，见到在国都中曾经见到过的人便大喜过望；等到过了一年，见到好像是同乡的人便欣喜若狂，是因为离开故人越久，思念故人的情意越深。你们整天糊弄君主，君主自然不高兴，今天之所以开怀大笑，还不是因为我跟君主讲了些真诚纯朴的话啊！

这一部分写徐无鬼拜见魏武侯，用相马之术引发魏武侯的喜悦，借此讥讽《诗》《书》《礼》《乐》的无用。

整天听着《诗》《书》《礼》《乐》《金板》《六韬》等书籍的说教，连魏武侯都受不了，何况是普通人、年幼的儿童们？人活着要尊崇本性，所以，"有为"并不是人类的本性，"无为"于天地而"有为"于自己的本性，才是庄子提倡的。

经常在网上遇到的一些"狼爸""狼妈"，他们望子成龙，望女成凤，于是采用一些极端手段，迫使子女努力学习。当然，这也能使部分子女成才。但他们往往忽略了子女的感受，无视了子女的意愿，对于孩子的心理健康成长会有一定的负面影响。

反之，遵从子女意愿，加以自己的正确引导的人，有时候会有意想不到的效果。

当代童话大王郑渊洁有一子一女，儿子郑亚旗有次上学回来，讲一个同学迟到了，老师当着全班同学的面把文具盒扔在地上说："你以后吃屎都接不到热乎的。"幼小的郑亚旗问郑渊洁："爸爸，你说老师做得对吗？"

这件事极大地触动了郑渊洁，他决定让孩子辍学，远离普众教育

的模式,给孩子一个另类的健康教育模式。于是,在儿子应该上学的年龄,作为父亲的郑渊洁,出乎意料的没有让儿子去上学,而是在家给儿子用童话的形式编了一套课本,包括安全、健康等,甚至有很多家长不愿跟孩子说的性知识。儿子从小就走了一条和别的孩子不一样的路,郑渊洁却对自己的教育方法很有信心。儿子18岁那天,父亲郑渊洁宣布,从今天开始,每月要向家里交纳生活费,因为你已经大了,家长已经尽到抚养的义务,你要用自己的劳动来养活父母,也就是说,以后的生活就要靠自己了!幼稚的孩子并不知道独立对他来说意味着什么,就像鸟一样奔出了家门,新鲜感很快过去,接下来的是残酷的生存问题,从小衣来伸手、饭来张口的孩子顿时慌了手脚,但在爸爸面前发的誓不能这么快就反悔,于是,儿子在网吧做了一名网管,父亲也曾偷偷地去看儿子,却没有给他任何帮助。就这样,在父亲的用心良苦下,儿子成熟了,长大了,不光有了同龄人没有的稳重干练,也有了自己生活的能力。他凭着自己对电脑的天分和努力,在19岁的时候为自己买了一辆奥迪,成为一名开奥迪去上班的打工仔!

郑渊洁的教育范式,有其可取之处,值得鼓掌叫好。

尊崇孩子的本性,类似的现象也发生在丁俊晖和潘晓婷身上。他们都成了台球领域的佼佼者,为国家争光,走出了自己不同的人生道路。

这样的例子或许很少,毕竟敢于冒险的父母实在不多,而一部分人的成功可能也说明不了什么问题。但是,我们也应该看到,"狼爸""狼妈"棍棒教育之下,折戟沉沙的恐怕更多。

当然,我并不是说现行的教育模式有什么不好,我只是从庄子的观点来看,尊崇孩子意愿,学会让孩子释放自己天性的教育,也是有可取之处的。

原文

徐无鬼见武侯，武侯曰："先生居山林，食茅栗①，厌葱韭②，以宾寡人③，久矣夫！今老邪？其欲干酒肉之味邪④？其寡人亦有社稷之福邪⑤？"徐无鬼曰："无鬼生于贫贱，未尝敢饮食君之酒肉，将来劳君也⑥。"君曰："何哉，奚劳寡人？"曰："劳君之神与形。"武侯曰："何谓邪？"徐无鬼曰："天地之养也一⑦，登高不可以为长⑧，居下不可以为短。君独为万乘之主⑨，以苦一国之民，以养耳目鼻口，夫神者不自许也。夫神者⑩，好和而恶奸⑪；夫奸，病也，故劳之。唯君所病之，何也？"

武侯曰："欲见先生久矣。吾欲爱民而为义偃兵⑫，其可乎？"徐无鬼曰："不可。爱民，害民之始也；为义偃兵，造兵之本也⑬；君自此为之，则殆不成。凡成美，恶器也；君虽为仁义，几且伪哉！形固造形⑭，成固有伐⑮，变固外战⑯。君亦必无盛鹤列于丽谯之间⑰，无徒骥于锱坛之宫⑱，无藏逆于得⑲，无以巧胜人，无以谋胜人，无以战胜人。夫杀人之士民，兼人之土地，以养吾私与吾神者，其战不知孰善？胜之恶乎在？君若勿已矣⑳，脩胸中之诚㉑，以应天地之情而勿撄㉒。夫民死已脱矣，君将恶乎用夫偃兵哉！"

注释

①芧栗：橡子。

②厌（餍）：满足。

③宾：摈弃，后写作"摈"。

④干：求。

⑤徐无鬼是著名的隐士。

⑥劳：慰问。以下同此解。

⑦一：同一，一样的。

⑧高：这里指高贵的地位。

⑨万乘（shèng）：万辆战车，这里指大国。

⑩神者：圣明之人。许：与。

⑪好和：喜好物我相知。奸：指偏私。

⑫偃兵：停止打仗。

⑬造兵之本：挑起战争的根由。

⑭形：指仁义的形迹。固：必定。造形：仿造仁义的形迹。

⑮伐：自矜，夸耀。

⑯变：变故。

⑰鹤列：像鹤群飞翔一样地排列，这里指列兵布阵。丽谯：观楼之名。

⑱骥：千里马。"徒""骥"在这里分别指陈列步兵和骑兵。锱坛：宫名。

⑲藏逆于得：包藏贪求之心于各种苟有所得的环境。

⑳已：止；指止息征战。

㉑脩：通"修"。

㉒撄（yīng）：扰乱。

纪老师说

徐无鬼第二次去拜访魏武侯，魏武侯以为徐无鬼是生活困顿想来讨点大鱼大肉吃，或者帮助自己治理国家。没想到徐无鬼出语伤人，再次告诫魏武侯，我还是来慰问你的，这次是来慰问你的精神和形体！

天呐，幸亏魏武侯心理承受力比较强，没有说出"不带这样玩的"的话语。

徐无鬼说，登上了高位不可以自以为高人一等，身处低下的地位不可以认为是矮人三分。那些圣明的人，从不为自己求取分外的东西，喜欢跟外物和顺而厌恶为自己求取私利，我看你做得还远远不够呢，知道吗，你这人有病！

魏武侯反驳说，我爱护人民为了道义而停止战争，谁说我有病？

徐无鬼说，这就是病，你爱护人民，实乃祸害人民的开始；你停止争战，也只是制造新的争端的祸根；你推行仁义，实际上是虚伪作假。你不如停止争战，修养心中的诚意，从而顺应自然的真情而不去扰乱其规律。这样一来，百姓死亡的威胁得以摆脱，你哪里用得着再止息争战呢！

庄子之所以继续写徐无鬼跟魏武侯的对话，是为了指出当世国君的做法实质上是在害民，只有"应天地之情"，才真正是"社稷之福"。

天地对待万物都是平等的，对待所有人都是平等的，人人都有自己的本性，为什么统治者就可以借口爱民而宣扬仁爱与最佳行为方式呢？难道所谓的仁爱与最佳行为方式只是对自己的国家和人民而言的吗？为了自己的国家和人民，就可以发动战争吗？庄子认为，真正的仁爱是对

天下所有人而言的，每一个人，只要走好自己的人生道路，不去干扰、干涉、侵犯他人的人生道路，才是真正的仁爱。所以，统治者不要去作为，人们依靠自己的本性，在自己的人生道路上是可以做到仁义的，因为只有依靠仁爱和最佳行为方式人们才能够生活得更好。

就像半岛上有个调皮的孩子，整天蹦蹦跳跳着给这个世界添乱，发射导弹，制造核弹，让人头疼无比。而有些国家偏偏想显示自己的才能和本领，把自己当成大人一样不断给这个孩子施加压力，不断制造恐怖气氛，不断以天下民生的理由拿着棍棒去吓唬，会不会只能走向更为极端的后果？且不管他，让他自己玩去，没了施展自己本领的舞台，没了可以与之炫耀的旁观者，你说他还蹦跶什么？

所以，止息战争，要靠仁义，要顺应自然的真情而不去扰乱其规律。两千多年前的庄子都这么说了，有些人有些国家怎么就这么不爱听中国的这个老祖宗的话呢？

原文

黄帝将见大隗乎具茨之山①,方明为御②,昌寓骖乘③,张若、謵朋前马④,昆阍、滑稽后车⑤;至于襄城之野,七圣皆迷,无所问涂⑥。

适遇牧马童子,问涂焉,曰:"若知具茨之山乎⑦?"曰:"然。""若知大隗之所存乎⑧?"曰:"然。"黄帝曰:"异哉小童!非徒知具茨之山⑨,又知大隗之所存。请问为天下⑩。"小童曰:"夫为天下者,亦若此而已矣,又奚事焉!予少而自游于六合之内⑪,予适有瞀病⑫,有长者教予曰:'若乘日之车而游于襄城之野。'今予病少痊,予又且复游于六合之外。夫为天下亦若此而已。予又奚事焉!"黄帝曰:"夫为天下者,则诚非吾子之事。虽然,请问为天下。"小童辞。

黄帝又问。小童曰:"夫为天下者,亦奚以异乎牧马者哉!亦去其害马者而已矣⑬!"黄帝再拜稽首⑭,称天师而退⑮。

注释

①大隗(wěi):假托的人名,寓指大道。具茨:山名。

③"方明"连同以下多句中的"昌寓""张若""謵朋""昆阍"和"滑稽",均为寓言人物名。

③寓:"宇"字的古体。骖乘:车右。

④前马:在马前导引。

⑤后车:在车后随从。

⑥塗:通"途"。

⑦若:你。以下同。

⑧所存:所在,所居住的地方。

⑨徒:只。

⑩为天下:治理天下。

⑪六合:六方,这里指环宇之内。

⑫瞀(mào)病:头眼晕眩之病。

⑬害马者:喻指分外的事。

⑭稽首:叩头至地,古代的一种大礼。

⑮天师:合乎天道的老师。

纪老师说

黄帝搞了个大型的仪仗队,方明赶车,昌宇做陪乘,张若、謵朋在马前导引,昆阍、滑稽在车后跟随,这都是当时著名的圣人。他们一行人浩浩荡荡,准备去具茨山拜见一个叫大隗的得道之人。

结果,很狼狈地迷路了。

他们碰见一个牧马的孩子,就前去问路。而这个孩子,居然能知道具茨山的位置,也知道大隗住在哪里。黄帝很奇怪,试图问这个孩子治理天下的道理。这个孩子不从正面回答,偏偏说自己的事情。他说治理天下,也就像牧马一样罢了,又何须多事呢!说完,便不再说话,可能他有点瞧不起黄帝。

黄帝变得非常谦虚，一再询问这个孩子治理天下的道理。小孩说："治理天下，跟牧马哪里有什么不同呢！也就是去除过分、任其自然罢了！"

黄帝不再言语，滚鞍下马，叩头至地，行了个大礼，直呼这个孩子为"天师"，然后悄然隐退，不再去打扰大隗了。

什么意思？堂堂的黄帝都折服在这个孩子手下，你说他厉害不厉害？透过现象看本质，我们看到的是什么，是为政者迷乱的道理啊。

黄帝想要治理天下，也就是想要有一番作为，可是，要作为干什么呢？他不知道。小孩的话很对，你只要无为，无所作为，人民自然会为了自己的生存而奋力有为，一个统治者只要像牧马人一样，除去那害群之马，让其他马儿无忧无虑、自由自在地生存就行了。所以，真正的治理，就是鼓励人民创造自己的幸福生活，统治者按照共同认可的社会行为规范和法律法规，除去那些为了自己的利益而破坏别人的幸福生活的人就行了。

纪连海谈 **庄子**

原文

知士无思虑之变则不乐①，辩士无谈说之序则不乐②，察士无凌谇之事则不乐③，皆囿于物者也④。

招世之士兴朝⑤，中民之士荣官⑥，筋力之士矜难⑦，勇敢之士奋患，兵革之士乐战⑧，枯槁之士宿名⑨，法律之士广治⑩，礼教之士敬容⑪，仁义之士贵际⑫。农夫无草莱之事则不比⑬，商贾无市井之事则不比⑭。庶人有旦暮之业则劝⑮，百工有器械之巧则壮⑯。钱财不积则贪者忧，权势不尤则夸者悲⑰。势物之徒乐变⑱，遭时有所用⑲，不能无为也。此皆顺比于岁⑳，不物于易者也㉑。驰其形性㉒，潜之万物㉓，终身不反，悲夫！

注释

①知士：即智士，足智多谋的人。

②序：端绪；"谈说之序"即谈说的话题与机会。

③察士：善于明察的人。凌谇（suì）：冒犯与责问。

④囿：苑囿，划定一个范围以求拘限的意思。

⑤招世之士：招揽人才的人。兴朝：兴起于朝廷。

⑥荣官：以做官为荣。

⑦筋力之士：身强体壮的人。矜难：在危难中自矜，即不把危难放

在眼里。

⑧兵革之士：手持武器身披甲胄的人。

⑨枯槁之士：隐居的人。宿（suō）：通"缩"，取的意思。

⑩广治：推广法治。

⑪敬容：注重仪态。

⑫贵际：看重人际交往。

⑬莱：草名。"草""莱"在这里均用作动词，指除草耕耘。比：和乐。

⑭商贾：商人。

⑮旦暮：指时间短暂，"旦暮之业"即短暂的工作。

⑯壮：盛，指工效快、成效高。

⑰尤：突出。夸者：权势欲望很盛的人。

⑱势物之徒：依仗权势掠取外物的人。变：变故，祸患。

⑲遭时：遇上时机。

⑳顺比：顺着次第。岁：时令。

㉑不物于易：疑为"不易于物"之误倒。

㉒驰其形性：使其身形与精神过分地奔波。

㉓潜之万物：潜身于万物，即沉溺于外物的包围之中。

纪老师说

庄子认为，才智聪颖的人没有思虑上的变易与转换便不会感到快乐，善于辩论的人没有谈说的话题与机会就不会感到快乐，喜于明察的人没有对别人的冒犯与责问就不会感到快乐，这都是因为受到了外物的拘限与束缚。招引贤才的人从朝堂上开始建功立业，善于治理百姓的人以做官为荣，身强体壮的人不把危难放在眼里，英勇无畏的人遇上祸患总是奋不顾身，手持武器身披甲胄的人乐于征战，隐居山林的人追求的是清白的名声，研修法制律令的人一心推行法治，崇尚礼教的人注重仪容，讲求仁义的人看重人际交往。农夫没有除草耕耘的事便觉内心不定无所事事，商人没有贸易买卖也会心神不安无所事事。百姓只要有短暂的工作就会勤勉，工匠只要有器械的技巧就会工效快、成效高。钱财积攒得不多且贪婪的人总是忧愁不乐，权势不高不大而私欲很盛的人便会悲伤哀叹。依仗权势掠取财物的人热衷于变故，一遇时机就会有所动作，不能够做到清静无为。这样的人就像是顺应时令次第一样地取舍俯仰，不能够摆脱外物的拘累，使其身形与精神过分奔波驰骛，沉溺于外物的包围之中，一辈子也不会醒悟，实在是可悲啊！

有人认为，庄子的这一部分内容是说大部分人因为拥有一技之长而有所作为，而恰恰就是这样的有所作为使他们丧失了本性，沉溺于探究、改造万物之中，从而导致了人生道路的丧失。

也有人认为庄子的观点有失偏颇，他所列举的人中有一些不是靠什么一技之长立足社会的。这种观点认为，人一旦拥有一技之长，反倒是能够用心钻研，服务社会，使社会更加进步，更加趋向于生活便捷。

我倾向于后者，有一技之长，才能在社会上立足。现在，没有一项突出的技能，要想在激烈的社会竞争中立足，简直是不可想象，这恐怕已经是不言而喻的事实。

有一技之长才能对国家有益，有一技之长的人都很快乐。不信你看看你周围的同事，凡是对某种技能特别精通的人，一定从那种技能中获得了不少的乐趣。而技术就相当于一个人的价值，技术越高，价值越大；技术越多，价值也越多。相反的，没有技术，就个人而言，他并没有什么价值，只能碌碌无为罢了。

颜之推有一篇文章《颜氏家训·勉学》中说："积财千万，不如薄技在身。"技能学起来简单，就贵在是否去学，这就如同学习读书一般。世上的人不论是聪明还是愚蠢，都希望认识很多的人，见识很多事，却不肯用功读书，这就好像想吃得饱又懒得做饭，想穿得暖和又懒得做衣服一样，是不是很有道理。

网上有一则消息，不知真假：湖南小伙小程被表弟以"搞工程挣大钱"为由，骗入芜湖某传销窝。为了逃走，练过跆拳道的小程先是使用武力，没成功。后来小程假装同意加入传销，吃饭时和传销人员"拼酒"，喝完白酒喝啤酒，三小时后，以一敌六放倒对方，成功逃离传销窝。

不管这事真假如何，可它告诉我们，拥有一技之长是多么的重要，亲爱的读者，你以为我说的有没有道理？

原文

庄子曰："射者非前期而中①，谓之善射，天下皆羿也②，可乎？"惠子曰："可。"庄子曰："天下非有公是也③，而各是其所是，天下皆尧也，可乎？"惠子曰："可。"

庄子曰："然则儒、墨、杨、秉四④，与夫子为五，果孰是邪？或者若鲁遽者邪⑤？其弟子曰：'我得夫子之道矣，吾能冬爨鼎而夏造冰矣⑥。'鲁遽曰：'是直以阳召阳，以阴召阴⑦，非吾所谓道也。吾示子乎吾道。'于是为之调瑟⑧，废一于堂⑨，废一于室，鼓宫宫动⑩，鼓角角动，音律同矣。夫或改调一弦⑪，于五音无当也⑫，鼓之，二十五弦皆动，未始异于声，而音之君已⑬。且若是者邪⑭？"惠子曰："今夫儒、墨、杨、秉，且方与我以辩，相拂以辞⑮，相镇以声⑯，而未始吾非也⑰，则奚若矣⑱？"

庄子曰："齐人蹢子于宋者⑲，其命阍也不以完⑳，其求钘钟也以束缚㉑，其求唐子也而未始出域㉒，有遗类矣㉓！夫楚人寄而蹢阍者㉔，夜半于无人之时而与舟人斗㉕，未始离于岑而足以造于怨也㉖。"

注释

①前期：射前瞄准目标。

②羿：古时善射者。

③公是：是说共同都认为是正确的。

④儒：旧注指郑缓。秉：公孙龙的字。

⑤鲁遽：周初时人。

⑥爨（cuàn），烧火做饭。旧注"冬爨鼎"，是说取千年燥灰以拥火。

⑦"水"与"井中"都属于阴，故有"以阴召阴"的说法。

⑧瑟：古代的一种弦乐器，类似琴。

⑨废：置放。下句同。

⑩古代以宫、商、角、徵、羽为五音，"宫"与"角"都是五音之一。

⑪改调一弦：使其中任何一根弦改了调。

⑫无当：不能谐合。

⑬大意是用比喻来说明，以同来应合同并不足为奇，如果能够用不同来对应同，那才是真正的音律的君主。

⑭是：指代鲁遽。

⑮"相拂"即相互违拗、相互指斥。

⑯镇：压住。

⑰未始吾非：从不曾认为自己是错的。

⑱奚若：何如，怎么样。

⑲蹢（zhí）：通"摘"，投弃，使其滞留在外的意思。

⑳阍：守门人。

㉑钘钟：长颈的小钟。束缚：以东西包裹捆缚，担心破损。

㉒唐：亡；"唐子"指远离家门在外的儿子。

㉓遗类：忘掉了跟自己大体相似的情况。

㉔ 謫（zhí）：通"谪"，怒责。

㉕ 舟人：船家，划船的人。

㉖ 岑（cén）：岸。

纪老师说

接下来，庄子讨论公认的法则，他认为，按预定目标射中，才能与后羿相提并论，按公认的法则显示正确，才能与尧相提并论。按公认的音律调整弦音，才是真正的音乐。如果不爱护儿子而爱护铒钟，守门人与船夫争斗，那么就不是遵循公认的法则。不是公认的法则，彼此相争又有什么意义呢？所以，依照公认的法则走自己的人生道路，做自己的事情，才能是正确的。

庄子说："射箭的人不是预先瞄准而误中靶的，称他是善于射箭，那么普天下都是羿那样善射的人，可以这样说吗？"惠子说："可以。"庄子说："天下本没有共同认可的正确标准，却各以自己认可的标准为正确，那么普天下都是唐尧那样圣明的人，可以这样说吗？"惠子说："可以。"

庄子说："那么郑缓、墨翟、杨朱、公孙龙四家，跟先生你一道便是五家，到底谁是正确的呢？或者都像是周初的鲁遽那样吗？鲁遽的弟子说：'我学到了先生的学问，我能够在冬天生火烧饭在夏天制出冰块。'鲁遽说：'这是用阳气招引阳气，用阴气招引阴气，不是我所倡导的学问。我告诉你我所主张的道理。'于是当着大家调整好瑟弦，放一张瑟在堂上，放一张瑟在内室，弹奏起这张瑟的宫音而那张瑟的宫音也随之应合，弹奏那张瑟的角音而这张瑟的角音也随之应合，调类相同的缘故啊。如果其中任何一根弦改了调，五个音不能合谐，弹奏起来，二十五根弦都发出震颤，然而却始终不会发出不同的声音，方才是乐音之王了。而你恐怕就是像鲁遽那样的人吧？"惠子说："如今郑缓、墨翟、杨朱、公孙龙，他们正跟我一道辩论，相互间用言辞进行指责，相互间用声望压制对方，却从不曾认为自己是不正确的，那么将会怎么样呢？"

庄子说："齐国有个人使自己的儿子滞留于宋国，命令守门人守住他而不让他有完整的身形返回来，他获得一只长颈的小钟唯恐破损而包了又包，捆了又捆，他寻找远离家门的儿子却不曾出过郊野，这就像辩论的各家忘掉了跟自己相类似的情况！楚国有个人寄居别人家而怒责守门人，半夜无人时走出门又跟船家打了起来，还不曾离开岸边就又结下了怨恨。"

从内容来看，庄子这是批评事事"皆囿于物"的人。

原文

庄子送葬，过惠子之墓，顾谓从者曰："郢人垩慢其鼻端①，若蝇翼，使匠石斲之②。匠石运斤成风③，听而斲之④，尽垩而鼻不伤，郢人立不失容⑤。宋元君闻之，召匠石曰：'尝试为寡人为之。'匠石曰：'臣则尝能斲之。虽然，臣之质死久矣⑥。'自夫子之死也⑦，吾无以为质矣！吾无与言之矣。"

注释

①郢：楚国的都城。垩：白垩泥。

②匠石：人名，一个姓石的匠人。斲（zhuó）：用斧子砍削；"斲之"是说用斧子砍削掉这绳翼大小的小白点。

③斤：斧。

④听：听任，随意。尽垩：完全砍削掉鼻尖上的小白点。

⑤失容：没有失去常态。

⑥质：对，这里指相互匹对的对象。

⑦夫子：指惠子。

纪老师说

庄子送葬，经过惠子的墓地，回过头来对跟随的人说："郢地有个人让白垩泥涂抹了他自己的鼻尖,像蚊蝇的翅膀那样大小,让匠石用斧子削掉这一小白点。匠石挥动斧子呼呼作响,漫不经心地砍削白点,鼻尖上的白泥完全除去而鼻子却一点也没有受伤,郢地的人站在那里也若无其事不失常态。宋元君知道了这件事,召见匠石说:'你为我也这么试试。'匠石说:'我确实曾经能够砍削掉鼻尖上的小白点。虽然如此,我可以搭配的伙伴已经死去很久了。'自从惠子离开了人世,我没有可以匹敌的对手了!我没有可以与之论辩的人了!"

庄子怀念惠子,为失去一位主张有为的辩论对象而感叹。对庄子而言,惠子虽然与自己的政见不同,但因为两人整日对辩,无形中形成了相互依赖的关系。两人在观点上是对立的,私下里的关系却是朋友,这是一种多么伟大的友情啊。

无独有偶,史上还真有这样典型的例子。

山巨源,名涛,三国曹魏及西晋时期名士、政治家,"竹林七贤"之一。说实在的他贤在哪里我并不知道,历史上关于他的记载并不多,流传下来的诗词文章也不多见。但在历史上,他可是个大大的人物:他的好哥们嵇康给他写了一封信并流传下来,从此把他牢牢钉在了中国文化史的耻辱柱上。

这封信就是著名的《与山巨源绝交书》。按照今天一般人的看法,事情整个就是嵇康同学的不对,有点小题大做的味道。据说嵇康听到山涛在由选曹郎调任大将军从事中郎后,想荐举自己代其原职的消息后写的。

别人推荐你做官,你不做就是了,犯不上绝交。要绝交绝就是了,犯不上措辞如此严厉伤人甚深。尤其可恨的是,还是个听来的消息:山涛想推荐你去做官了!

在信里嵇康说：我是个戆直狭隘的人，而你是个大滑头，我们做兄弟只是偶然罢了。你根本就不了解我，怎么知道我想去做官？据说你不好意思独自做官，所以想拉我来当助手，让我也沾上官场那些秽气……然后列了一大堆人名和故事，说明自己的志趣和绝交的决心。

这封信让嵇康和山涛都成为中国历史上的名人，只不过一个光彩一个卑鄙。我们无从得知山涛同学当时的心态感受，但那种创伤、耻辱、震惊和无奈是可以想象的。表面上看，这两个男人的哥们关系，似乎已经走到尽头了。

但是事情没有完。后来嵇康得罪了皇帝的大红人钟会。这个故事前面讲过，钟会找了个借口，让皇帝把他杀了。嵇康死的时候，儿子仅仅十岁。如果不翻历史我们无法想象，他居然是毫不考虑地把儿子托孤给了山涛。临死前拉着儿子的手说："只要山涛大爷不死，你就永远不是孤儿！"最后嵇康的儿子长大之后，还是山涛推荐去做的官。

我不赞同你的观点，但我能认可你这个人的品质，我可以写绝交书给你，但我照样能将孩子托付给你。这是多么可贵的友情，多么可贵的信任！

原文

管仲有病①，桓公问之，曰："仲父之病病矣②，可不讳云③，至于大病，则寡人恶乎属国而可④？"管仲曰："公谁欲与⑤？"公曰："鲍叔牙⑥。"曰："不可。其为人洁廉善士也⑦，其于不己若者不比之⑧，又一闻人之过，终身不忘。使之治国，上且钩乎君⑨，下且逆乎民。其得罪于君也，将弗久矣！"

公曰："然则孰可？"对曰："勿已，则隰朋可⑩。其为人也，上忘而下畔⑪，愧不若黄帝而哀不己若者⑫。以德分人谓之圣⑬，以财分人谓之贤。以贤临人⑭，未有得人者也；以贤下人，未有不得人者也。其于国有不闻也⑮，其于家有不见也。勿已，则隰朋可。"

注释

①管仲：春秋时的政治家，辅佐齐桓公成为春秋五霸之首。

②父：古代对长者的尊称。病病：古人小病多称作"疾"，大病则多称作"病"，"病病"则形容病已很重。

③讳：避讳，不用言辞直接说出。

④属：嘱托。"属国"即托付国事。

⑤谁欲与：即"欲与谁"，意思是想交给谁。

⑥叔牙：管仲的好友，齐国贤大夫。

⑦絜:"洁"字的古体。

⑧比:靠近。

⑨鉤:"钩"字的古体。钩连、管束的意思。

⑩隰朋:齐国著名政治家。

⑪"上忘而下畔"应是"上忘而下不畔"。"畔"是界的意思。

⑫愧不若黄帝:以比不上黄帝为惭愧。

⑬以德分人:大意是,用道德去感化众人。

⑭临:居高往下看。

⑮从政之道须得注重无为,事事皆有所闻、所见,势必运智明察,委事于己,而使属下和百姓处处无所措手足。

纪老师说

春秋时期,鲍叔牙在南阳经商,认识了管仲。通过接触了解,他知道管仲虽然家道中落,境遇困顿,但志大才高,不是等闲之辈。他很看重管仲,于是两人就一起做起了买卖。管仲每逢赚了钱总想多分一点,鲍叔牙知道后也不以为意。

管仲也曾从军出征,在战场上多次临阵脱逃。有人便讽刺管仲胆怯,鲍叔牙则极力为其辩解,说这是因为管仲家有老母,需要他孝养侍奉,故不能轻生。

在朋友贫贱窘困之时,能给予充分的理解和坚定的信任,确实难能可贵。后来,鲍叔牙和管仲都弃商从政,在齐国做了大夫。当时正是齐僖公在位,齐僖公有三个儿子。长子名诸儿,被立为太子;次子名纠,任命大夫召忽、管仲为其师傅;三子名小白,而命鲍叔牙为其师傅。管鲍两人都是尽心尽力地各为其主。

齐桓公小白即位之后，论功行赏，准备任命鲍叔牙当齐国宰相。岂知鲍叔牙却推荐管仲当宰相。还说我有五点是不如他的：宽厚仁慈，能安抚百姓；治理国家，能抓住根本；忠信可结于诸侯；能给国家制定规范和礼仪；能站在军门前指挥练武，使将士勇气倍增。

齐桓公开始还在犹豫，但在鲍叔牙的再三劝说下，终于不再计较当年的一箭之仇。用当时崇尚的大礼，去狱中迎接出管仲，拜管仲为宰相，鲍叔牙为副手。

如鲍叔牙所言，管仲的才华逐渐施展出来，终于使齐桓公成为春秋五霸之一。

后来，管仲生了病，齐桓公问他："你老的病已经很重了，不避讳地说，一旦病危不起，我将把国事托付给谁才合适呢？"管仲说："你想要交给谁呢？"齐桓公说："鲍叔牙。"管仲说："不可以。鲍叔牙为人，算得上是清白廉正的好人，他对于不如自己的人从不去亲近，而且一听到别人的过错，一辈子也忘不掉，让他治理国家，对上势必约束国君，对下势必忤逆百姓。一旦得罪于国君，也就不会长久执政了！"

齐桓公说："那么谁可以呢？"官仲回答说："要不，隰朋还可以。隰朋为人，对上不显示位尊而对下不分卑微，自愧不如黄帝又能怜悯不如自己的人。能用道德去感化他人的称作圣人，能用财物去周济他人的称作贤人。以贤人自居而驾临于他人之上。不会获得人们的拥戴；以贤人之名而能谦恭待人，不会得不到人们的拥戴。他对于国事一定不会事事听闻，他对于家庭也一定不事事看顾。我看还是隰朋可以。"

鲍叔牙对自己有恩，现在不推荐对方却推荐了别人，还评价了对方的不足，这是什么道理？

其实，管仲也是了解鲍叔牙的。知道他不会计较这些，更知道他这

个人其实不行，才能不够用，处事不够圆滑。管仲怎么可能因为自己和他私交关系好，就不负责地把国家大任托付于他呢？

庄子一贯强调无为，而鲍叔牙的为人处事则是有为，隰朋的为人就近乎于无为。而且隰朋的为人，在家中不忘公事，在公门不忘家事，侍奉君主不会有二心，但也不忘自身利益，无为而无不为，所以管子推荐隰朋。

不论他人对我是什么，我都必须按照既定的社会行为规范和我的人生规律来回报，该规劝、该告发、该帮助、该怎么样怎么样等，视情况而定，即使有时候违背了亲情，即使有时候显得很无情面，但决不超出原则。如果对我的是恩情，那么我就用恩情来回报。但我所用的恩情也要符合一定的社会行为规范，而不是为了回报恩情而与既定的社会行为规范相违背，与现行法律相违背。

原文

吴王浮于江，登乎狙之山①。众狙见之，恂然弃而走②，逃于深蓁③。有一狙焉，委蛇④攫搔⑤，见⑥巧乎王。王射之，敏给搏捷矢⑦。王命相者趋射之⑧，狙执死⑨。

王顾谓其友颜不疑曰："之狙也，伐其巧恃其便以敖予⑩，以至此殛⑪也，戒之哉！嗟乎，无以汝色⑫骄人哉！"颜不疑归而师董梧⑬以锄其色，去乐辞显，三年而国人称之。

注释

①狙（jū）之山：猕猴聚居的山。

②恂然：惊惶的样子。

③蓁：通"榛"，荆棘。

④委蛇：从容。

⑤攫搔：在空中迅疾抓住的意思。

⑥见：显露。

⑦敏给：快速。搏：接。捷：通"接"；搏、捷二字同义并列。

⑧相者：指吴主左右辅佐打猎的人。

⑨执死：抱树而死。

⑩伐：夸耀。恃：仗侍。便：便捷。敖：通"傲"多"敖予"即傲

视于我。

⑪殛（jí）：处罚而死。

⑫色：这里指傲气，即骄横的脸色。

⑬董梧：相传是吴国贤人。锄：除去。

原文

南伯子綦隐几而坐①，仰天而嘘。颜成子入见曰②："夫子，物之尤也③。形固可使若槁骸④，心固可使若死灰乎⑤？"曰："吾尝居山穴之中矣。当是时也，田禾一睹我⑥，而齐国之众三贺之⑦。我必先之⑧，彼故知之；我必卖之，彼故鬻之⑨。若我而不有之，彼恶得而知之？若我而不卖之，彼恶得而鬻之？嗟乎！我悲人之自丧者⑩，吾又悲夫悲人者，吾又悲夫悲人之悲者，其后而日远矣⑪。"

注释

①南伯子綦：寓托的人名。隐几：靠着几案。

②颜成子：南伯子綦的门人。

③尤：突出，"物之尤"是说物类中出类拔萃的。

④固：固然。槁骸：使身形成为枯骸。

⑤固：难道。

⑥田禾：齐国太公之名。

⑦三贺之：再三向他表示祝贺。

⑧先之：名声在先。

⑨鬻：贩卖。

⑩自丧者：自我迷乱而失却真性的人。

⑪日远：一天天远离人世的浮沉而达到心如死灰的境界。

纪老师说 ●●●

　　吴王渡过长江。登上猕猴聚居的山岭。猴群看见吴王打猎的队伍，惊惶地四散奔逃，躲进了荆棘丛林的深处。有一个猴子留下了，它从容不迫地腾身而起抓住树枝跳来跳去，在吴王面前显示它的灵巧。吴王用箭射它，它敏捷地接过飞速射来的利箭。吴王下命令叫来左右随从一起上前射箭，猴子躲避不及抱树而死。

　　吴王回身对他的朋友颜不疑说："这只猴子炫耀它的灵巧而蔑视于我，以致受到这样的惩罚而死去！要以此为戒啊！唉，不要用傲气对待他人啊！"颜不疑回来后便拜贤士董梧为师，用以铲除自己的傲气，弃绝淫乐辞别尊显，三年时间全国的人个个称赞他。

　　猕猴因为炫耀灵巧而最终被射死，这就是"有为"而导致的，颜不疑改过自新，从而获得称赞，这说明广大民众是希望上层人士"无为"。

　　俗话说得好，谦虚使人进步，骄傲使人落后。骄傲会滋生一种我很了不起的感觉，不知进取，影响进步。骄傲会使周围的人对你很不爽，影响你社交，生活不愉快，工作不顺利。要知道人外有人，天外有天。你越是高估你自己的能力，现实对你的打击便越沉重。所以，愿我们都用谦虚的心态来面对以后的生活，为自己的未来开垦出一条更加光明宽阔的道路。

　　南伯子綦靠着几案静静地坐着，然后又仰着头缓缓地吐气。颜成子进屋看见后说："先生，你真是了不起的人物！人的形体固然可以使它像枯槁的骸骨，心灵难道也可以像死灰一样吗？"南伯子綦说："我曾在山林洞穴里居住。正当这个时候，齐太公田禾曾来看望我，因而齐国的民众再三向他表示祝贺。我必定是名声在先，所以他能够知道我；我必定是名声张扬，他所以能利用我的名声。假如我不具有名声，他怎么能够知道我呢？假如我不是名声张扬于外，他又怎么能够利用我的名声呢？唉，我悲悯自我迷乱失却真性的人，我又悲悯那些悲悯别人的人，从那以后我便一天天远离人世沉浮而达到心如死灰的境界，只有这样，我才能离大道更近一些啊！"

远离名声，就不会被名声所累。南伯子綦深知其理。

三国时期，诸葛亮家族在蜀吴两大集团都非常显赫。孔明辅佐刘备和幼主，在蜀汉的作用自不必说，其兄诸葛瑾在东吴名望极高，其侄诸葛恪更是声震吴邦。

诸葛恪六七岁时，在江东被奉为神童。一日，孙权命人牵头驴，用笔书其面"诸葛子瑜"嘲笑诸葛瑾脸长如驴面，众皆大笑，恪趋之前，取笔添两字于其下曰："诸葛子瑜之驴"。满座大惊，权大喜，遂将驴赐之。

从此，这位神童成为孙权重点培养对象，陆逊病故后，诸葛恪成为大将军，太子太傅。孙权还专门下令，制定了官员们拜见诸葛恪的礼仪。孙权英武一生，选择恪辅佐幼主，大概是看重其叔诸葛亮对蜀汉的忠诚，也看重其父诸葛瑾谨慎的儒家风范。

孙权去世之后。诸葛恪名重位高而功劳不多，为了建功扬名，诸葛恪频频主张伐魏。后来北伐不利，军中又流行传染病，将士言退，恪或鞭或斩，无所顾忌，及至兵败，恪面额中箭，不得不退回东吴，又担心别人嘲笑，更是借机大开杀戒，对可能背后谤损自己的官员以种种理由捕杀。

后来，孙峻设计刺杀了诸葛恪，灭其三族。

诸葛恪被杀的原因是什么？是他过于张扬，急于展示自己的小聪明，其父诸葛瑾当年曾说，这小子早晚要害得家破人亡，事实果然如此。

平步青云位高名重的人，总担心自己被人瞧不起，总想折腾点大动静来掩饰内心的不安，这又何苦呢？早年的弘一大师以才情名扬天下，皈依佛门后悟出十六字："名关不破，毁誉动之，利关不破，得失惊之。"再回过头来想一想孔明"非淡泊无以明志，非宁静无以致远"的名句，是不是更应该清心平静，气定神闲？要知道，淡泊名利不仅是一种修养和风度，更是成大事者本该有的大智慧啊！

纪连海谈 庄子

原文

　　仲尼之楚，楚王觞之①，孙叔敖执爵而立②，市南宜僚受酒而祭曰③："古之人乎！于此言已④。"曰："丘也闻不言之言矣⑤，未之尝言⑥，于此乎言之。市南宜僚弄丸而两家之难解⑦，孙叔敖甘寝秉羽而郢人投兵⑧，丘愿有喙三尺⑨。"

　　彼之谓不道之道⑩，此之谓不言之辩⑪，故德总乎道之所一⑫。而言休乎知之所不知，至矣。道之所一者，德不能同也；知之所不能知者，辩不能举也，名若儒墨而凶矣⑬。故海不辞东流，大之至也；圣人并包天地，泽及天下，而不知其谁氏。是故生无爵，死无谥⑭，实不聚⑮，名不立，此之谓大人。狗不以善吠为良，人不以善言为贤，而况为大乎⑯！夫为大不足以为大，而况为德乎⑰！夫大备矣，莫若天地；然奚求焉，而大备矣。知大备者，无求，无失，无弃，不以物易己也。反己而不穷，循古而不摩⑱，大人之诚。

注释

①觞之：宴请孔子。

②孙叔敖：楚国的丞相。爵：盛酒器。

③市南宜僚：人名。受酒而祭：将酒洒在地上以祭祷。

④此：指代上句"受酒而祭"的情况。

⑤不言之言：没有言谈的言论。

⑥未之尝言：即"未尝言之"。

⑦弄丸：玩弄弹丸。两家：指楚国白公胜和令尹子西两家。

⑧甘寝：安寝。秉羽：手拿羽扇。郢人：楚国人。投兵：弃置武器。

⑨喙：嘴。

⑩不道之道：不像是道的道，即不像办法的办法。

⑪此：指孔子。

⑫总：归结。

⑬儒、墨的名声是招致凶祸的根由，强不同以为同，强不知以为知，都是由名声而起。

⑭谥：封建时代人死之后所加给的封号。

⑮实：财物。

⑯为大：成就伟大。

⑰为德：这里指修养心性以达到随顺自然。

⑱摩：矫饰。

纪老师说

孔子去楚国，楚王宴请孔子，孙叔敖拿着酒器站立一旁，市南宜僚把酒洒在地上祭祷，说："古时候的人啊！在这种情况下总要说一说话。"孔子说："我听说有不用言谈的言论，但从不曾听说过，在这里说上一说。市南宜僚从容不迫地玩弄弹丸而使两家的危难得以解脱，孙叔敖运筹帷幄使敌国不敢对楚国用兵而楚国得以停止征战。我希望有三尺长的嘴不说话。"

市南宜僚和孙叔敖所说的是不言之道，孔子所说的是不言之辩，故而规律统管道路才能达到一致，而言语停止在知的就是所不知的地方，就是极点了。道的所同一，规律不能同；知道所不能知道的，善辩的人也不能尽举。名声像儒墨那就危险了。所以大海不推辞河水东流，才能大到极点。圣人兼并包容天地，恩泽天下，而不知他的姓氏名谁。所以他活时无爵位，死后无谥号，实利不集聚，名声不建立，这就称之为大人。狗不因为善于叫唤便是好的，人不因为会说教便是贤人，何况成就大名的人呢！大名不足以成为大名，何况成为规律呢！最大而完备的，莫如天地，然而没有什么追求的，它却最大而完备了。知道大而完备的，是无所追求，无所丧失，无所舍弃，不用外物改变自己。返回自己的本性而不穷尽，因循常道行事而不切磋、研究，这就是伟人的至诚。

孙叔敖和市南宜僚是通过不说话的方法平息了纷争，而孔子却是通过不说话的方法平息了辩论，虽然达到的目的不一样，可是方法却是相同的。也就是说，他们的道路是相同的，而规律却不相同。庄子认为，无言，也就意味着无为，无所言说，无所作为，像大海一样，才能兼收并蓄。

这里有个观点，海洋之所以那样大，是因为可以纳百川，意思是说包容可以使人变伟大。

包容是人和人之间必不可少的润滑剂。它和诚实、勤奋、乐观等价值指标一样，是衡量一个人气质涵养、道德水准的尺度。包容别人是对对方的一种尊重、一种接受、一种爱心，有时候包容更是一种力量。

山东聊城有个"仁义胡同"，又名"六尺巷"，也称"状元街"，在水城东关大街东首路北。这里有一个流传甚广、家喻户晓的美丽故事。讲的是清代开国状元傅以渐，在京城为秘书院大学士，加封太子太保，授武英殿大学士兼户部尚书。家中因为宅基纠纷修书一封，希望他能为家中撑腰。收到家人来书，傅以渐遂修一纸家书："千里修书只为墙，让他三尺又何妨？万里长城今犹在，不见当年秦始皇"。家人看后，自感惭愧，主动让出三尺，邻居知道后，也深感惭愧，让出三尺来，于是就形成了今天的六尺巷。傅以渐在水城被尊称为傅阁老，傅姓也成为水城响当当第一大姓，我觉得这跟傅以渐的包容，跟传统的道德力量是有一定关联的。

　　世界之大，无奇不有。各种性格与品质的人鱼龙混杂，社会上各种各样的人生活在一起。让我们想象一下，如果这里没有懂得宽容的人，那这个世界将会怎样。有懂得包容的人，世界又会怎样。这绝对是两种不同的现象啊。

　　投之以木桃，报之以琼瑶，把宽容插在水中，她能绽出新绿；播种在土壤里，她便能长出新芽。包容的力量之大，是无人知晓的，愿每一个人都能学会包容，学会与这个社会和谐相处。

纪连海谈 庄子

原文

子綦有八子①，陈诸前②，召九方歅曰③："为我相吾子，孰为祥④？"九方歅曰："梱也为祥⑤。"子綦瞿然喜曰⑥："奚若？"曰："梱也将与国君同食以终其身。"子綦索然而出涕曰⑦："吾子何为以至于是极也！"九方歅曰："夫与国君同食，泽及三族⑧，而况父母乎！今夫子闻之而泣，是御福也⑨。子则祥矣，父则不祥。"

子綦曰："歅，汝何足以识之，而梱祥邪？尽于酒肉，入于鼻口矣，而何足以知其所自来？吾未尝为牧而牂生于奥⑩，未尝好田而鹑生于宎⑪，若勿怪，何邪？吾所与吾子游者，游于天地。吾与之邀乐于天⑫，吾与之邀食于地；吾不与之为事，不与之为谋，不与之为怪；吾与之乘天地之诚而不以物与之相撄⑬，吾与之一委蛇而不与之为事所宜⑭。今也然有世俗之偿焉！凡有怪征者，必有怪行，殆乎，非我与吾子之罪，几天与之也！吾是以泣也。"

无几何而使梱之于燕⑮，盗得之于道，全而鬻之则难⑯，不若刖之则易⑰，于是乎刖而鬻之于齐，适当渠公之街⑱，然身食肉而终。

注释

①子綦：人名。

②陈：排列。

③九方歅：人名。

④祥：好。

⑤梱：子綦八子中一子之名。

⑥瞿然：惊喜的样子。

⑦索然：伤心落泪的样子。

⑧三族：指父族、母族、妻族。

⑨御福：拒绝降临的福禄。

⑩为牧：从事放牧。牂（zāng）：母羊。奥：屋子的西南角。

⑪田：打猎。宎（yǎo）：屋子的东南角。

⑫邀：相约，一道，下句同。

⑬乘天地之诚：随应天地的实情。撄：扰乱，纠缠。

⑭委蛇：纵任，顺任自然。为事所宜：为外事所左右。

⑮无几何：没过多久时间。

⑯鬻：卖。

⑰刖（yuè）：断足。

⑱渠公：齐国一富人，为街正。

原文

啮缺遇许由①，曰："子将奚之？"曰："将逃尧。"曰："奚谓邪？"曰："夫尧，畜畜然仁②，吾恐其为天下笑。后世其人与人相食与！夫民，不难聚也；爱之则亲，利之则至，誉之则劝，致其所恶则散③。爱利出乎仁义，捐仁义者寡，利仁义者众。夫仁义之行，唯且无诚，且假乎禽贪者器④。是以一人之断制利天下⑤，譬之犹一覕也⑥。夫尧知贤人之利天下也，而不知其贼天下也，夫唯外乎贤者知

纪连海谈 庄子

之矣⑦。"

注释

①啮缺、许由：人名。

②畜畜然：体贴、勤苦的样子。仁：用作动词，指推行和实践仁的人。

③致：招引，送达。

④禽贪者：像禽兽一样贪婪的人。

⑤断制：裁断和决定。

⑥煍（piē）：通"瞥"。

⑦外乎贤者：处于贤者之外的人。

纪老师说

子綦没事找事，叫来九方歅给自己的八个儿子看相，看看谁最有福气。九方歅说梱最有福气，会跟国君一道饮食终了一生。子綦听了泪流满面，他认为这并不是什么福气，他只希望和儿子在天地之间游乐，跟儿子一道在大地上求食；不跟儿子建功立业，不跟他出谋划策，不跟他标新立异，只和儿子一道随顺天地的实情而不因外物便相互背违，只和儿子一应顺任自然而不为任何外事所左右。

子綦流泪流的有没有道理？得看他儿子梱的结局。没过多久，梱被派遣到燕国去，强盗在半道上劫持了他，截断他的脚卖到齐国，齐国的富人渠公买了他去给自己看守街门，倒也是一辈子吃肉而终了一生。

这是子綦想要的吗？当然不是。

庄子认为，正因为梱的有为，为官府服务，所以才被派出公差，所以才有这样的下场。如果梱与其他兄弟一样，无所作为，那么就不是这个下场了。他强调的还是无为二字。

古罗马著名的政治家、演说家、法学家和哲学家西塞罗曾经说过："懂得生命真谛的人，可以使短促的生命延长。"

有人做过统计，历代帝王无不渴望在"灵仙宝地"得到长生不老的仙丹，事与愿违，往往短寿，据调查考证，我国自秦朝到清朝的帝王有209人，平均寿命只有39岁。能活到古稀之年的不超过十位，活到耄耋之年者，不超过五位，其中仅清朝乾隆享年89岁，是中国皇帝中长寿之最。

帝王为什么这么短寿？究其原因，大多是骄奢淫逸，纵欲过度，争权夺位，费尽心机的恶果。

同样，蜚声文坛的寿星却为数可观，甚至于文字狱迫害愈甚时，文人寿星生命力仍然很强，且毕生都有建树和业绩，成为中国文学史上的巨擘大匠。为什么呢？有人认为是他们顺应自然，强身健体，学而不倦、笔耕不缀；胸襟开阔、笑泯恩仇；乐善好施、饮食合理；悠闲自得、动静相宜。这样，就能延年益寿，长命百岁。

我与谁都不争，我与谁争都不屑。活了一百多岁的杨绛先生的这句话，真的是很有道理！

齧缺遇见许由，说："你准备去哪里呢？"许由回答："打算逃避尧。"齧缺说："你说些什么呢？"许由说："尧孜孜不倦地推行仁的主张，我担心他受到天下人的耻笑。后代一定会人与人相食啊！百姓，并不难以聚合，给他们爱护就会亲近，给他们好处就会靠拢，给他们奖励就会勤勉，送给他们所厌恶的东西就会离散。爱护和利益出自仁义，而弃置仁义的少，利用仁义的多。仁义的推行，只会没有诚信，而且还

会被禽兽一般贪婪的人借用为工具。所以一个人的裁断与决定给天下人带来了好处，打个比方说就好像是短暂的一瞥。唐尧知道贤人能给天下人带来好处，却不知道他们对天下人的残害，而只有身处贤者之外的人才能知道这个道理。"

在庄子看来，许由反对"有为"，他宣扬仁义，民众就会亲近他，有利可图民众就会来到，而为了仁义控制他们的行为，他们就会离散。而仁义，就很容易会成为假仁假义的用来利用的工具。所以许由认为，统治者应该"无为"，无所作为，那么民众就会自己想办法生存，想办法仁义，从而达到治理天下的目的。

原文

有暖姝者①,有濡需者②,有卷娄者③。

所谓暖姝者,学一先生之言,则暖暖姝姝而私自说也④,自以为足矣,而未知未始有物也⑤,是以谓暖姝者也。濡需者,豕虱是也⑥,择疏鬣自以为广宫大囿⑦,奎蹄曲隈⑧,浮间股脚,自以为安室利处,不知屠者之一旦鼓臂布草操烟火⑨,而已与豕俱焦也。此以域进⑩,此以域退,此其所谓濡需者也。卷娄者,舜也。羊肉不慕蚁,蚁慕羊肉,羊肉膻也。舜有膻行⑪,百姓悦之,故三徙成都⑫,至邓之虚而十有万家⑬。尧闻舜之贤,举之童土之地⑭,曰冀得其来之泽。舜举乎童土之地,年齿长矣,聪明衰矣⑮,而不得休归,所谓卷娄者也。

是以神人恶众至,众至则不比⑯,不比则不利也。故无所甚亲,无所甚疏,抱德炀和以顺天下⑰,此谓真人。于蚁弃知,于鱼得计,于羊弃意。

注释

①暖姝:沾沾自喜的样子。

②濡需:偷安矜持的样子。

③卷娄:弯腰驼背、勤苦不堪的样子。

④暖暖姝姝:义同"暖姝"。说:通"悦";高兴。

⑤未始有物:未曾有一物可以称述。

⑥豕虱:寄生在猪身上的虱子。

⑦鬣(liè):前颈上的鬃毛。圂:园林。

⑧奎:猪的后腿。曲隈(wēi):弯曲的地方。

⑨鼓臂:掀动手臂。

⑩域:境域,环境,这里指猪身。进:喻指安身。

⑪羶行:羶腥的行为。

⑫成都:自成都邑。

⑬邓:邑名。虚:故城、遗址,后写作"墟"。

⑭童土:不长草木之地。

⑮聪明:敏锐的听力和视力。

⑯比:亲密、和睦。下句同。

⑰炀(yáng)和:温和。

纪老师说

接下来,庄子向我们介绍了四种人,沾沾自喜的人,不偷安矜持的人,弯腰驼背、勤苦不堪的人和超凡脱俗的真人。

沾沾自喜的人,只知道私下里暗自得意,自以为满足了,却不知道从未曾有过丝毫所得。偷安矜持的人依靠环境而安身,又因为环境而毁灭。弯腰驼背、勤苦不堪的人,即像舜那样的人,他从荒芜的土地上被举荐出来,年岁逐渐老了,敏捷的听力和视力衰退了,还不能退回来休息。超凡脱俗的神人讨厌众人跟随,众人跟随就不会亲密和睦,不亲密和睦也就不会带来好处,因此没有什么特别的亲密,没有什么格外的疏远,持守德行、温暖和气以顺应天下,这就叫作真人。

庄子说的第一种人，学了一点点东西，就自以为满足了，于是就"无为"了。第二种人，在人生道路上只看见一个小花园，就认为是天下最美的地方，于是就滞留下来，也"无为"了。舜的"无为"是对自己的"无为"，然而他对待民众却是"有为"的。按庄子的说法，要像真人那样"无为"，即宣扬规律，让民众去懂得万事万物的规律，从而"有为"，创造出自己的幸福生活。所以，庄子提倡树立起自己的信念、准则，不要道听途说，像真人那样辩证地对待得失、生死。

前三种人，基本上是过于自我满足，又受自己所累的人，这种人在世上其实有很多。他们的共同特点就是——我活得好累！

为了不愧对自己的学生，为了领导一拨又一拨的"嘱托"，为了自己的尊严，为了老板挂在嘴唇上的几张钞票，能不累吗？在现实的人生过程中里，每个人都活得很累，每个人都有着这样的失意或那样的挫折。为生计奔波，为父母要尽孝道，为子女要苦心操劳，可谓扶老携幼，任重道远，安身立命谁容易啊？

但是，工作不是我们生活的全部，记得，别苦着自己，更不要累着自己，毕竟人生还有很多更有情趣的生活。生活本身的确酸甜苦辣俱全的，但做人的情操和理念确是自己可以牢牢把握的，要平和地对待生活中的每一件事，善意地对待你周边的每一个人，要永远保持一种真诚、友爱、宽容、健康的心态，用心去感受生活对我们哪怕是极其微小的恩赐。这样，你就可以达到庄子所说的第四种人的境界。

纪连海谈 **庄子**

原文

以目视目，以耳听耳，以心复心①。若然者，其平也绳②，其变也循③。古之真人，以天待人④，不以人入天⑤。古之真人，得之也生，失之也死；得之也死，失之也生⑥。药也，真实堇也⑦，桔梗也⑧，鸡癰也⑨，豕零也⑩，是时为帝者也⑪，何可胜言！

勾践也以甲楯三千栖于会稽⑫。唯种也能知亡之所以存⑬，唯种也不知其身之所以愁⑭。故曰鸱目有所适⑮，鹤胫有所节⑯，解之也悲⑰。故曰风之过河也有损焉，日之过河也有损焉。请只风与日相与守河⑱，而河以为未始其撄也⑲，恃源而往者也⑳。故水之守土也审㉑，影之守人也审，物之守物也审。

故目之于明也殆㉒，耳之于聪也殆，心之于殉也殆㉓。凡能其于府也殆㉔，殆之成也不给改㉕。祸之长也兹萃㉖，其反也缘功㉗，其果也待久㉘。而人以为己宝，不亦悲乎？故有亡国戮民无已㉙，不知问是也。

故足之于地也践㉚，虽践，恃其所不蹍而后善博也㉛；人之于知也少，虽少，恃其所不知而后知天之所谓也㉜。知大一㉝，知大阴㉞，知大目㉟，知大均㊱，知大方㊲，知大信㊳，知大定，至矣。大一通之，大阴解之，大目视之，大均缘之㊳，大方体之㊴，大信稽之㊶，大定持之。

尽有天，循有照㊷，冥有枢㊸，始有彼。则其解之也似不解之者㊹，其知之也似不知之也，不知而后知之。其问之也，不可以有崖㊺，而不可以

70

无崖。颉滑有实[46]，古今不代[47]，而不可以亏[48]，则可不谓有大扬攉乎[49]！阖不亦问是已[50]，奚惑然为[51]！以不惑解惑，复于不惑，是尚大不惑[52]。

注释

①用眼睛来看看自己的眼睛，用耳朵来听听自己的耳朵，用心思来收回自己的心思。

②绳：像墨线一样地正而直。

③循：顺。

④以天待人：用顺应自然的态度去对待人事。

⑤入：纳入，引申为干扰的意思。

⑥以上四句意在说明生与死能等同视之，站在生的角度说生是有所得而死便是有所失，站在死的角度说死是有所得而生便是有所失，故而生死自然听便。

⑦董：药名，俗称乌头。

⑧桔梗：药名。

⑨鸡癕：药名，又名芡草。

⑩豕零：药名，又称猪苓。

⑪时：通"莳"，移换、更替的意思。帝者：主宰，这里指用作主药。

⑫勾践：越王名，曾被吴王所败，困于会稽。楯（dùn）：通"盾"，本句"甲""楯（盾）"连用，代指武装的士兵。栖：这里是被围困意思。

⑬种：文种，越王勾践的谋臣。

⑭所以愁：因为什么原因而愁苦。

⑮鸱：猫头鹰。有所适：有适宜看视的时间。

⑯节：适，恰好。

⑰解：截断。

⑱请只：倘若、假使的用法。

⑲未始其撄：不曾受到扰乱，即不见有所减少的意思。

⑳恃源而往：依仗河水的源头和小溪不断地汇聚。

㉑审：安定。

㉒殆：危险。

㉓殉：追逐。

㉔府：脏腑，这个意义后代写作"腑"。"能其于府"意思是才能从内心表露出来。

㉕不给改：已经来不及悔改。

㉖兹：增多，这个意义后代写作"滋"。萃：聚集。

㉗缘：绕；"缘功"是说为功名而萦绕。

㉘待久：持续很久。

㉙已：止；"无已"即没有中断过。

㉚践：踩踏；这里指踩踏地面很小之处。

㉛蹍（niǎn）：与"践"字同义。博：广远。

㉜天之所谓：自然所述的道理。

㉝大一：指天。

㉞大阴：指地。

㉟大目：指万物的自见，即听任自然而各视其所见。

㊱大均：物与物的所得均平自然。

㊲大方：方术，指万物各自的轨迹。

㊳大信：绝对的真实。

㊴缘：顺。

㊵体：各自得体，即各守其分。

㊶稽：至。

㊷照：明朗清晰。

㊹冥：幽暗，这里指最高深的道理。枢：枢要。

㊹解：理解，认识。

㊺崖：界限。

㊻頡滑：万物纷扰错杂的样子。

㊼不代：不能相互替换。

㊽亏：缺少。

㊾扬：显。攉：概略。

㊿阖：通“盍”，怎么的意思。

(51)为：表示疑问的语气词。

(52)尚：庶几，恐怕。大：初始。

纪老师说

看该看的，听该听的，想该想的，就能顺应自然。就像药物一样，谁都可以做主药，说也说不定。

勾践以士兵三千栖身于会稽山，唯有文种能知道在即将灭亡中求得生存的谋略，也唯有文种不知道自身未来的忧患。所以说，猫头鹰的眼睛有所适用，鹤的小腿长有所节制，去掉就会悲哀。所以说，风吹过，河水就有所损失；太阳照过，河水也会有损失。如果说风和太阳相互一起吹晒河水，而河水不曾受它们干扰的话，这是由于依靠源头不断地往来。所以水流守住河道就能安定，影子守住人就得以安定，物守住物也就能安定。所以眼睛过于求明就危险了，耳朵过于求聪就危险了，心思过于追求就危险了。

庄子认为，不要去过分追求，看能够看到的，听能够听到的，想能够想到的，也就可以了。如果过分追求，去看不能够看到的，去听不能够听到的，去想不能够想到的，那么就会有危险。这个危险不是马上就来到，而是经过长时间的积累。

追求，要追求切合实际的，否则，就要学会马上放弃。

清朝的申涵光《荆园小语》一文中说："渔利者害多，务名者毁至。"这对我们是很有启发的，那就是不要为了虚无的名利，而去拼命挣扎苦心追求。

有这样一个故事：一位老和尚为了选拔理想的衣钵传人而设想了一道十分奇妙的"考题"。一天，老和尚对一胖一瘦两个得意门生说："出去给我拣一片你们最满意的树叶回来。"两个徒弟遵命而去。时刻不久，胖和尚就回来了，递给师傅一片并不漂亮的树叶，对师傅说："这片树叶虽然并不完美，但它是我看到的最好的树叶。"瘦和尚在外面转了半天，最终却空手而归，他对师傅说："我见到了很多很多的树叶，但怎样也挑不出一片最完美的，因此没有一片是我最满意的。"后来，胖和尚成为了衣钵的传人。

也许，在人生中，咱们都会遇到这样的情景，一心只想尽善尽美，最终常常是两手空空。人们的初衷总是完美的，但是如果不切合实际地一味找下去，最终往往只会吃尽苦头，直到有一天你才会明白：为了寻求一片最完美的树叶，而失去许多机会，是多么的得不偿失。

我们不知道远方，然而依靠双脚的迈进，就可以到达远方，从而可以知道远方。人类的智慧一开始很少,然而通过不知道才能够知道。但是很多人不知道却自以为知道,所以奸滑的言词才互相抗衡,而对待奸滑的言词只有识别,识别出正确的才是专利。所以,对待大的、正确的言词,就不能疑惑,以不疑惑来理解疑惑,就会不疑惑,才是久远的不疑惑。庄子这是对"无为"所作的结论,天地就是这样的运转,要想"有为"地去干涉天地的运转吗?不可能!我们只能是"无为"地随顺天地的运转而"有为"于自己的人生道路。

当然,我还是劝人们要勇敢追求自己认定能实现的目标,就像诗人汪国真曾经说过的:"我不去想是否能够成功,既然选择了远方,便只顾风雨兼程……"

则　阳

原文

则阳游于楚①，夷节言之于王②，王未之见③，夷节归。彭阳见王果曰④："夫子何不谭我于王⑤？"王果曰："我不若公阅休⑥。"

彭阳曰："公阅休奚为者邪？"曰："冬则擉鳖于江⑦，夏则休乎山樊⑧。有过而问者，曰：'此予宅也。'夫夷节已不能，而况我乎！吾又不若夷节。夫夷节之为人也，无德而有知，不自许⑨，以之神其交固⑩，颠冥乎富贵之地⑪，非相助以德，相助消也⑫。夫冻者假衣于春⑬，暍者反冬乎冷风⑭。夫楚王之为人也，形尊而严；其于罪也，无赦如虎；非夫佞人正德⑮，其孰能桡焉⑯！"

"故圣人，其穷也使家人忘其贫⑰，其达也使王公忘爵禄而化卑⑱。其于物也，与之为娱矣；其于人也，乐物之通而保己焉⑲；故或不言而饮人以和⑳，与人并立而使人化。父子之宜，彼其乎归居，而一闲其所施㉑。其于人心者若是其远也。故曰待公阅休㉒。"

注释

①则阳：人名，姓彭名阳，又称彭阳。

②夷节：楚人，姓夷名节。

③未之见：即未见之，没有接见他。

④王果：楚国的贤人。

⑤谭：通"谈"，说的意思。

⑥公阅休：楚国的隐士。

⑦掇（chuò）：通"㦿"，刺的意思。

⑧山樊：山边。

⑨不自许：不能自我约束，即不能清虚恬淡。

⑩神其交固：巧妙地交游与结识。

⑪颠冥：神情颠狂内心迷乱。

⑫消：毁损。

⑬假衣于春：盼望温暖的春天。

⑭暍（作）：中暑。反冬乎冷风：反过来又寻求凉爽。

⑮佞人：指有才气善言辞的人。

⑯桡：通"挠"，屈服，使之折服的意思。

⑰穷：困厄，这里指韬光晦迹潜身世外。

⑱达：指身世显赫。

⑲乐物之通：乐于沟通外物混迹人世。保己：保全自己的真性。

⑳饮：这里含有得到满足的意思。

㉑闉：通"闲（閒）"，这里是清虚无为的意思。

㉒待：期待。

纪老师说

　　王果自认为不如公阅休，不如夷节，所以不能帮则阳说话，不能在楚王面前举荐他。那么公阅休、夷节是什么样的人呢？王果描述他们是无所作为的人，以天当房，以地当床，与任何人相处都能使其忘掉自己的身份，只有这样的人才能动摇像楚王那样有坚定意志的人。

以天当房，以地当床，说的是公阅休，他冬天到江河里刺鳖，夏天到山脚下憩息。有人经过而问他，他就说："这就是我的住宅。"夷节缺少德行却有世俗人的智巧，不能约束自己做到清虚恬淡，用他特有的办法巧妙地跟人交游与结识，在富有和尊显的圈子里弄得神情颠狂内心迷乱，不是用德行去相助他人，而是使德行有所毁损。至于楚王，外表高贵而又威严。他对于有过错的人，像老虎一样不会给予一点宽恕；只有极有才辩又端正德行的人，才能使他折服。

圣人，完全是清虚无为地对待周围所有的人，他们能使家人忘却生活的清苦，使王公贵族变得谦卑，能保持真性，给人满足，使人受到感化。

这里说的，主要是怎样与不同的人相处的道理。

现在的人，该怎么对待不同性格不同价值观的人呢？我觉得首要的是做人要真诚。存真诚的心，说真诚的话，做真诚的事。第二要存心公正，一视同仁，不可特别与一两个人亲近，却与其他的人疏远。尤其不可袒护自己所爱的人，一有这种情形，势必引起别人的嫉妒，许多纠纷就因此发生了。父母对子女，师长对学生，上司对属员，兄弟、姊妹、同学、同事彼此中间都必须谨防这种情形发生。第三要学会宽容，要心宽量大。无论别人怎样亏负你，怎样藐视你，怎样批评你，怎样忌恨你，怎样损害你，都不要介意，不要放在心上。要学会包容，学会接纳。

有人主张得很有道理：多爱人才能得多人的爱，多敬人才能得多人的敬，多宽容人才能得多人的宽容，多体恤人才能得多人的体恤。你对别人发出去的是什么，你收回来的也是什么。

《论语·先进》中有这样一个故事，子路问孔子："听到一件合于义理的事，立刻就去做吗？"孔子说："父亲和兄长还活着，怎么可以听到了就去做呢？"冉有问道："听到一件合于义理的事，立刻就去做吗？"孔子说："听到了应该立刻就去做。"公西华说："仲由问'听到一件合于义理的事，立刻就去做吗？'时，您回答'还有父兄在，怎么可以听到了立刻就去做？'冉有问'听到一件合于义理的事，立刻就去做吗？'时，您回答'听到了应该立刻就去做'。我感到迷惑，我大胆地请问这是什么缘故呢？"孔子说："冉有畏缩不前，所以我鼓励他进取；子路好勇过人，所以提醒他退让些。"

这是因材施教的问题，对待不同的人，讲求不同的方法。就像文中所说的王果自认为不如公阅休，不如夷节，所以不能帮则阳去说服楚王一样。

原文

圣人达绸缪①，周尽一体矣②，而不知其然，性也。复命摇作而以天为师③，人则从而命之也④。忧乎知而所行恒无几时⑤，其有止也若之何！

生而美者，人与之鉴⑥，不告则不知其美于人也。若知之，若不知之，若闻之，若不闻之，其可喜也终无已；人之好之亦无已，性也。圣人之爱人也，人与之名，不告则不知其爱人也。若知之，若不知之，若闻之，若不闻之，其爱人也终无已，人之安之亦无已，性也。

旧国旧都⑦，望之畅然⑧；虽使丘陵草木之缗⑨，入之者十九⑩，犹之畅然。况见见闻闻者也⑪，以十仞之台县众閒者也⑫！

注释

①绸缪：结缚，喻指人世间的各种纷繁与纠葛。

②一体：浑一天成。

③复命：返归本命。摇作：有所动作。

④命之：即命名之，用圣人的名字称呼他。

⑤知：智。

⑥鉴："镜"字的古字。

⑦旧国旧都：喻指人的真性。

⑧畅然：欣喜的样子。

⑨缗（mǐn）：合，指混茫不清。

⑩入：掩缉。

⑪见见闻闻：亲身见闻到它的真实面目与情况。

⑫县（xuán）：悬。間：通"间（間）"。

纪老师说 ● ● ●

圣人到底是什么样的人？庄子说，圣人通达于人世间的各种纷扰和纠葛，周遍而又透彻地了解万物混同一体的状态，却并不知道为什么会是这样，这是出于自然的本性。为回返真性而又有所动作也总是把师法自然作为榜样。这样的人就是圣人。

圣人以天为师，知道天的规律，所以凡事都能提前预备，所以圣人忧虑自己的知识太少，虽然他能长期爱民、服务于民，但终有停止之时。其实圣人自己并不认为是圣人，他只是比别人爱学习而已，所以他知道天的规律，并且按天的规律办事，人们因此称他为圣人。人们安于他的爱，并依赖他，这是人们的本性，可是他总有一天会不在，人们又该怎么办呢？庄子的言下之意，就是希望人们都加强学习，人人都能成为圣人。

北宋史学家、政治家司马光主持编纂《资治通鉴》中，记载了一个孙权劝学的故事。当初，孙权对吕蒙说："你现在当权掌管事务，不可以不学习！"吕蒙拿军中事务繁多来推托。孙权说："我难道想要你研究儒家经典，成为学官吗？我只是让你粗略地阅读，了解历史罢了。你说军务繁多，怎么能比得上我呢？我经常读书，自己认为很有好处。"

纪连海谈 庄子

吕蒙于是开始学习。等到鲁肃经过寻阳的时候，和吕蒙一起谈论议事，鲁肃十分吃惊地说："你现在的才干和谋略，不再是原来的那个吴县没有学识的的阿蒙了！"吕蒙说："读书人分别几天，就重新擦擦眼另眼看待了，长兄你认清事物怎么这么晚呢！"

　　这个故事告诉我们，学习是一个人获取能力、提升素质的途径。有人说过"人与人之间的差距是学习形成的"，吕蒙等人的变化就是最好的佐证。人非生而知之，人的知识和能力不是与生俱来的，而是靠后天的学习得来的。学习包括向书本学、向他人学、向实践学。"勤能补拙是良训，一分辛劳一分才"。自古及今，有所作为者，无一不是酷爱学习之人。非学无以广才，不学就不能与时俱进，就会成为时代的落伍者，甚至有被时代淘汰的危险。

原文

　　冉相氏得其环中以随成①，与物无终无始，无几无时。日与物化者，一不化者也②，阖尝舍之③！夫师天而不得师天④，与物皆殉⑤，其以为事也若之何？夫圣人未始有天，未始有人，未始有始，未始有物，与也偕行而不替⑥，所行之备而不洫⑦，其合之也若之何？汤得其司御门尹登恒为之傅之⑧，从师而不囿⑨；得其随成，为之司其名⑩；之名嬴法⑪，得其两见⑫。仲尼之尽虑⑬，为之傅之。容成氏曰⑭："除日无岁，无内无外⑮。"

注释

　　①冉相氏：传说中的远古圣王。环中：中空，指大道的中枢，即虚空凝寂之道。

　　②一不化：指内心的凝寂虚空不会发生变化。

　　③阖：何。

　　④师：用作动词，含有效法、以之为师的意思。

　　⑤殉：追逐。

　　⑥偕：同。替：废。

　　⑦洫：败坏。

　　⑧司御、门尹：皆官名。登恒：人名。傅：辅佐。

⑨囿：拘限。

⑩司：察。

⑪之：此。赢：无心。

⑫见：显。

⑬尽虑：弃绝了谋虑。

⑭容成氏：传说中古代又一圣王。

⑮内：指自我。外：指外物。

纪老师说

冉相氏体察了道的精髓，得到运转的圆机能随顺而成，所以能和万物无终无始、无时无刻地相处。这个运转的圆机说的就是大自然的循环变化，人们遵循着大自然的循环变化，内在自强不息的精神不变，就能与世道同行而不知偏废，所行完备而不知空虚，这也是人的本性。商汤王谦虚不耻下问，依附于守门官而登上恒常之道，意思是说，商汤王并没有以王自居而抛弃恒常之道，而是保持本性随顺自然。因此，人只有保持本性，才能够随顺自然，如果不能保持本性，又怎么能随顺自然呢？就像没有内也就没有外一样，没有日子，哪来的年岁呢？所以，保持人的本性是最重要的。

保持人的本性，换用最流行的一个说法，就是不忘初心。

什么是不忘初心？就是不要忘记人最初的时候那颗本心，即人之初那一颗与生俱来的善良、真诚、无邪、进取、宽容、博爱之心。多应用在事业、生活、爱情等方面，以提醒人们去懂得感恩，去看清人生与自身。

1912年春天，哈佛大学教授桑塔亚纳正站在课堂上给学生们上课，突然，一只知更鸟飞落在教室的窗台上，欢叫不停。桑塔亚纳被这只小鸟所吸引，静静地端详着它。过了许久，他才转过身来，轻轻地对学生们说："对不起，同学们，我与春天有个约会，现在得去践约了。"说完，便走出了教室。那一年，49岁的桑塔亚纳回到了他远在欧洲的故乡。数年后，《英伦独语》诞生了，桑塔亚纳为他的美学绘上了最浓墨重彩的一笔。

桑塔亚纳不忘初心，敢于追求内心最真诚最纯粹的东西，所以才成就了他。那我们普通人应该如何不忘初心，寻找自己心灵中最宝贵的东西呢？

每个人的经历不同，每个人的境界不同，每个人所执着追求的东西也不一样。其实人生是一场体验，一个人若思想通透了，行事就会通达，内心就会通畅，有欲而不执着于欲，有求而不拘泥于求，活得洒脱，活得自在。活得平和的人，心底踏实安详，云过天更蓝，船去水更幽。

纪连海谈 **庄子**

原文

魏莹与田侯牟约①，田侯牟背之。魏莹怒，将使人刺之。犀首闻而耻之曰②："君为万乘之君也③，而以匹夫从仇④！衍请受甲二十万⑤，为君攻之，虏其人民，系其牛马，使其君内热发于背。然后拔其国⑥。忌也出走⑦，然后扶其背⑧，折其脊。"

季子闻而耻之曰⑨："筑十仞之城，城者既十仞矣，则又坏之，此胥靡之所苦也⑩。今兵不起七年矣，此王之基也。衍乱人，不可听也。"

华子闻而丑之曰⑪："善言伐齐者，乱人也；善言勿伐者，亦乱人也；谓伐之与不伐乱人也者，又乱人也。"君曰："然则若何？"曰："君求其道而已矣！"

惠子闻之而见戴晋人⑫。戴晋人曰："有所谓蜗者，君知之乎？"曰："然。"有国于蜗之左角者，曰触氏，有国于蜗之右角者，曰蛮氏。时相与争地而战，伏尸数万，逐北旬有五日而后反⑬。君曰："噫！其虚言与？"曰："臣请为君实之。君以意在四方上下有穷乎⑭？"君曰："无穷。"曰："知游心于无穷，而反在通达之国⑮，若存若亡乎⑯？"君曰："然。"曰："通达之中有魏，于魏中有梁⑰，于梁中有王。王与蛮氏，有辩乎⑱？"君曰："无辩。"客出而君惝然若有亡也⑲。

客出，惠子见。君曰："客，大人也⑳，圣人不足以当之。"惠子曰："夫吹管也㉑，犹有嗃也㉒；吹剑首者㉓，吷而已矣㉔。尧舜，人之所誉也；道尧舜于戴晋人之前，譬犹一吷也。"

注释

①魏莹：魏惠王的名字。约：指订立盟约。

②犀首：官名。耻之：以之为耻。

③万乘：上万辆战车，指大国的军事力量。

④以匹夫从仇：用普通百姓的手段去报仇。

⑤衍：即公孙衍。甲：甲士。

⑥拔：攻克。

⑦忌：田忌，齐国的大将。

⑧抶：击打。

⑨季子：魏国的贤臣。

⑩胥靡：徒役之人。

⑪华子：魏国的贤臣。

⑫见：引见。戴晋人：魏国的贤人。

⑬北：败北，打了败仗。有：又。反：返。

⑭以：以为。意：意料。

⑮通达之国：四海之内，这里泛指人迹交接的范围。

⑯宇宙是无穷的，人迹所及是有限的，这是大与小的比较。

⑰梁：大梁，魏国的都城。

⑱辩：通"辨"，分辨的意思。

⑲惝然：怅然若失的样子。

⑳大人：伟大的人物。

㉑管：竹管。

㉒嗃：象声词，吹竹管所发出的较大的声音。

㉓剑首：指剑柄上端的环状小孔。

㉔吷（xuè）：象声词，细微的声音。

纪老师说

魏莹就是魏惠王，魏惠王与齐威王订立盟约，而齐威王违背了盟约。魏王大怒，打算派人刺杀齐威王，公孙衍认为这还不够，想统领部队攻打齐国、俘获百姓、牵走牛马，使齐君心急如焚，使齐国大将田忌望风而逃。

季子知道后又认为公孙衍的做法也是可耻的，他认为公孙衍是挑起祸乱的人，不可听从。

华子认为季子评说讨伐齐国还是不讨伐齐国，也是拨弄祸乱之人。弄得魏王不知所措。华子劝他求助于清虚淡漠、物我兼忘的大道。

惠子知道了，引见戴晋人拜见魏王，戴晋人劝说魏王，说魏王的思想狭小。弄得魏王更是不知所措了。

魏惠王凭着情绪处理事务，难免就会被公孙衍这种喜欢浑水摸鱼的人所利用，季子想采取和缓的办法也是不可行的，倒是华子说得对，走自己的道，按照自己治国的道去做才是正确的。其实戴晋人说的也是这个道理，不要像蜗牛里的国家一样，时常为争地盘而发动战争。这一处重点还是在道上，无论发生什么事，都不要随意转弯，一定要坚定地沿着自己的道走下去。也就是说，要按照自己的信念处理事务，而不要按照自己的情绪处理事务。否则，非常容易走错道。

坚持自己的道，坚持自己的原则做事，本已很难始终，若能克制自己的情绪做事，则又是更高一筹的做法。

有一天，唐太宗李世民怒气冲冲地回到后宫对皇后长孙氏说，"总有一天，我要杀掉这个'乡巴佬'。"长孙皇后忙问杀谁。太宗说，魏徵常常在朝堂上当众刁难他，使他下不了台。皇后听了，连忙向太宗道喜说，"魏徵之所以敢当面直言，是因为陛下乃贤明之君啊。明君有贤臣，欢喜还来不及，怎能妄开杀戒呢。"

太宗恍然大悟，此后更是"励精政道"，虚心纳谏，对魏徵倍加敬重。魏徵也进谏如故，"思竭其用、知无不言"，从不畏龙颜之怒。于是，君臣合璧，相得益彰，终于开创了大唐"贞观之治"的辉煌盛世。

魏徵死后，太宗如丧考妣，恸哭长叹，说出了那句千古名言："以铜为镜，可以正衣冠；以古为镜，可以知兴替；以人为镜，可以明得失……魏徵殂逝，遂亡一镜矣！"他还令公卿大臣们把魏徵遗表中的一段话写在朝笏上，作为座右铭，以魏徵为榜样，做到"知而即谏"。

君临天下的皇帝，对一个老臣竟倾心如此，这在历史上的确并不多见。而贞观之治的繁盛局面出现，又何尝不是李世民走正道，善纳言，能够控制自己情绪的结果呢？

拥有天下的帝王都能如此，我等布衣之辈，又怎能不好好学习？

原文

孔子之楚①，舍于蚁丘之浆②。其邻有夫妻臣妾登极者③，子路曰："是稯稯何为者邪④？"仲尼曰："是圣人仆也。是自埋于民，自藏于畔⑤。其声销⑥，其志无穷，其口虽言，其心未尝言，方且与世违而心不屑与之俱。是陆沈者也⑦，是其市南宜僚邪⑧？"

子路请往召之。孔子曰："已矣！彼知丘之著于己也⑨，知丘之适楚也，以丘为必使楚王之召己也，彼且以丘为佞人也⑩。夫若然者，其于佞人也羞闻其言，而况亲见其身乎！而何以为存⑪？"子路往视之，其室虚矣。

注释

①之：往。

②蚁丘：山丘名。浆：饮料。

③极：高，这里指屋顶。

④稯稯（zǒng）：聚集的样子。

⑤畔：田界，这里泛指田园。

⑥销：通"消"，消散、消失的意思。

⑦沈：通"沉"。

⑧市南宜僚：楚国的隐士。

⑨著：明，透彻了解的意思。

⑩佞人：这里指献媚的人。

⑪而：你。

纪老师说

孔子到楚国去，寄宿在蚁丘的卖浆人家，卖浆人家的邻居夫妻奴仆全都登上了屋顶观看孔子的车骑。子路说："这么多人聚集在一起是干什么呢？"孔子说："这些人都是圣人的仆从。这个圣哲之人把自己隐藏在百姓之中，藏身于田园生活里。他的声音从世上消失了，他的志向却是伟大的，他嘴里虽然在说着话，心里却好像不曾说过什么，处处与世俗相违背而且心里总不屑与世俗为伍。这是隐遁于世俗中的隐士，这个人恐怕就是楚国的市南宜僚吧？"

孔子也不简单，一眼就看穿了市南宜僚的本质。

子路请求前去召见他。孔子说："算了吧！他知道我对他十分了解，又知道我到了楚国，认为我必定会让楚王来召见他，他将把我看成是巧言献媚的人。如果真是这样，他对于巧言献媚的人一定会羞于听其言谈，更何况是亲自见到其人呢！你凭什么认为他还会留在那里呢？"子路前往探视，市南宜僚的居室已经空无一人了。

这就是"道不同不相为谋"，各人的道路不一样，就不要互相干涉，也不要互相来往，你走你的阳关道，我走我的独木桥。

东汉灵帝时，管宁和华歆是一对很要好的朋友。管宁和华歆一起锄菜园子，挖出了一块金子，管宁把金子看作与瓦石没有区别，照常干活；华歆将金子拿到手里看了看，然后扔掉了。他们经常同席读书，几乎形影不离。有一次，管宁和华歆又同席读书的时候，忽然有坐轿子

的官员从门前过去。管宁仍然照常读书，华歆却忍不住放下书本跑出去看。管宁看他这样不专心读书，又羡慕做官的人，便割断席子，彼此分开坐位，面色严肃地对华歆说："从现在起，你不再是我的朋友了。"

志不同道不合，便难以成好友。真正的朋友，应该建立在共同的思想基础和奋斗目标上，一起追求、一起进步。如果没有内在精神的默契，只有表面上的亲热，这样的朋友是无法真正沟通和理解的，也就失去了做朋友的意义了。

原文

长梧封人问子牢曰①："君为政焉勿卤莽②，治民焉勿灭裂③。昔予为禾，耕而卤莽之，则其实亦卤莽而报予；芸而灭裂之④，其实亦灭裂而报予，予来年变齐⑤，深其耕而熟耰之⑥，其禾繁以滋⑦，予终年厌飧⑧。"

庄子闻之曰："今人之治其形，理其心，多有似封人之所谓，遁其天，离其性，灭其情，亡其神，以众为⑨。故卤莽其性者，欲恶之孽⑩，为性萑苇蒹葭⑪，始萌以扶吾形，寻擢吾性⑫，并溃漏发⑬，不择所出，漂疽疥痈⑭，内热溲膏是也⑮。"

注释

①长梧：地名。封人：守护封疆的人。

②卤莽：粗疏。

③灭裂：轻率。

④芸：通"耘"，指锄草。

⑤齐：剂。"变齐"即改变原来的方式。

⑥耰：用作动词，指用耰头平整土地，除去杂草。

⑦蘩：通"繁"，繁茂的意思。滋：繁衍。

⑧厌：饱足，这个意义后代写作"餍"。飧：熟食。

⑨众为：义不详，联系上下文，似指上述卤莽的做法。

⑩孽：祸根。

⑪为性：蔽遮本性、危害本性。萑（huán）苇、蒹葭：芦类植物。

⑫寻：连续不断地，渐渐地。擢：拔除。

⑬溃漏：泛指各种毒疮。

⑭漂疽：亦"瘭疽"，指毒疮流脓。疥痈：浓疮。

⑮溲膏：遗精。

纪老师说

长梧地方守护封疆的人对子牢说："你处理政事不要太粗疏，治理百姓不要太草率。从前我种庄稼，耕地粗疏马虎，而庄稼收获时也就用粗疏马虎的态度来报复我；锄草也轻率马虎，而庄稼收获时也用轻率马虎的态度来报复我。我来年改变了原有的方式，深深地耕地细细地平整，禾苗繁茂果实累累，我一年到头不愁食品不足。"

庄子听了后说："如今人们治理自己的身形，调理自己的心思，许多都像这守护封疆的人所说的情况，逃避自然，背离天性，泯灭真情，丧失精神，这都因为粗疏卤莽所致。所以对待本性和真情粗疏卤莽的人，欲念与邪恶的祸根，就像萑苇、蒹葭蔽遮禾黍那样危害人的本性，开始时似乎还可以用来扶助人的形体，逐渐地就拔除了自己的本性，就像遍体毒疮一齐溃发，不知选择什么地方泄出，毒疮流浓，内热遗精就是这样。"

春秋战国时期的人们鲁莽，像那个长梧地方守护封疆的人。但现代的人们有时也是鲁莽与浮躁，不仅不讲自己的人生之道，还逃避天命，离开本性，灭绝真情，丧失精神，还没有秀穗就想成熟。拔苗助长，以至于最后无不痛苦一生。庄子的这段评论可谓入木三分。

不往人性上扯，我同样谈一谈种庄稼的事情吧。

为了增加地产，人们非常过分地往农田追施化肥，往菜地喷洒农药，这就是典型的例子。

过多的追施化肥，导致土壤性状恶化，其养分不能被作物有效地吸收利用，氮、磷、钾等一些化学物质易被土壤固结，形成各种化学盐分，在土壤中积累，造成土壤养分结构失调，物理性状变差，部分地块有害金属和有害病菌超标，导致土壤性状恶化。长期过量施用氮肥还会造成钙、镁等元素流失，使土壤持续酸化，最终丧失生产力。同时，导致产品品质下降。现在的瓜果吃起来不甜，蔬菜吃起来不香，并且容易腐烂，不能存放，其原因都是超标施用化肥。由于施入过多的化肥，土壤水溶性养分等物质被雨水和农田灌水淋溶到地下水及河流中，造成部分地区的地下水及河流污染，使地下水、河流、湖泊呈富营养化，导致地下水不好喝，部分河流、湖泊内的鱼虾常发生死亡的现象。最后是导致生产成本增加，给农民带来损失。

至于过分喷洒农药，严重点说，那简直就是要命的行为。专家们研究后发现，食用农药过多的蔬菜，容易造成肥胖。当肝脏无法对有毒物质进行解毒时，就用脂肪包裹起来，形成脂肪团，这就是为什么有人在减肥后还会生病的原因，因为减肥之后，里面的农药重新进入人体的缘故。二是容易致癌。容易诱导有机体突变，增加细胞突变的可能，从而使细胞产生畸形而诱发癌症。三是干扰内分泌。有些农药的分子与人体的雌性激素十分相似，从而使人体的激素平衡发生紊乱，这些东西能影响我们的行为、大脑及生殖器官的发育，并会导致癌症。还有，就是使人体消化功能紊乱，影响免疫系统和造血系统，易导致胎儿内脏发育不

全或畸形。

  我这么一分析,有些人可能会吓得够呛,这样看来,学会辨识蔬菜,学着自己种点有机蔬菜,也是不错的哦!

原文

柏矩学于老聃①，曰："请之天下游②。"老聃曰："已矣！天下犹是也。"又请之，老聃曰："汝将何始？"曰："始于齐。"

至齐，见辜人焉③，推而强之④，解朝服而幕之⑤，号天而哭之曰⑥："子乎子乎！天下有大菑⑦，子独先离之⑧，曰莫为盗，莫为杀人！荣辱立，然后睹所病；货财聚，然后睹所争。今立人之所病，聚人之所争，穷困人之身使无休时，欲无至此，得乎！"

"古之君人者⑨，以得为在民，以失为在己；以正为在民，以枉为在己⑩；故一形有失其形者⑪，退而自责。今则不然。匿为物而愚不识⑫，大为难而罪不敢⑬，重为任而罚不胜，远其塗而诛不至。民知力竭，则以伪继之，日出多伪，士民安取不伪！夫力不足则伪，知不足则欺，财不足则盗。盗窃之行，于谁责而可乎？"

注释

①柏矩：老聃的学生。
②之：往。
③辜：罪。
④强：字亦作"疆"，通"僵"。
⑤幕：用作动词，覆盖的意思。

⑥号天而哭：仰天号哭。

⑦菑："灾"字异体。

⑧离：罹、遭的意思。

⑨君人者：统治者。

⑩枉：屈；这里指过错。

⑪一形：一个人。

⑫愚：亦作"遇"，而"遇"通假为"过"，责备的意思。

⑬大为难：扩大办事的困难。罪：用作动词，归罪的意思。

原文

蘧伯玉行年六十而六十化①，未尝不始于是之而卒诎之以非也②，未知今之所谓是之非五十九非也③。万物有乎生而莫见其根，有乎出而莫见其门。人皆尊其知之所知④，而莫知恃其知之所不知而后知⑤，可不谓大疑乎！已乎已乎！且无所逃，此所谓然与，然乎？

注释

①蘧（qú）伯玉：卫国的贤大夫。六十化：六十年来与日俱新随年变化。

②是之：以之为是，认为是对的。卒：终。诎：屈曲。

③五十九非：五十九岁时就认为是不对的。

④尊其知：看重自己的才智。

⑤其知：凭借自己的才智。

原文

仲尼问于太史大弢、伯常骞、狶韦曰①："夫卫灵公饮酒湛乐②，不听国家之政③，田猎毕弋④，不应诸侯之际⑤；其所以为灵公者何邪？"大弢曰："是因是也⑥。"伯常骞曰："夫灵公有妻三人，同滥而浴⑦。史鰌奉御而进所⑧，搏币而扶翼⑨。其慢若彼之甚也⑩，见贤人若此其肃也，是其所以为灵公也。"狶韦曰："夫灵公也死，卜葬于故墓不吉，卜葬于沙丘而吉。掘之数仞，得石椁焉⑪，洗而视之，有铭焉⑫，曰：'不冯其子⑬，灵公夺而里之⑭。'夫灵公之为灵也久矣，之二人何足以识之⑮！"

注释

①大史：史官。大弢、伯常骞、狶韦：三位史官名。

②湛乐：过度淫乐。

③听：处理。

④田：打猎。毕：兽网。弋：用系有丝绳的箭来射。

⑤际：交际，指会盟之类的事。

⑥是因是：这样的谥号就因为他具有这样的德行。

⑦滥：浴器。字亦作"槛"。

⑧史鰌（qiū）：即史鱼，卫国的贤大夫。奉御：奉召。所：居所，这里指灵公的居所。

⑨搏：接过。币：布帛。翼：蔽翼、遮挡。

⑩慢：怠慢。

⑪石椁：用石制成的外棺。

⑫铭：刻镂。

⑬冯：依靠。

⑭里：居处。

⑮之：此。

纪老师说

柏矩对老师老聃说："世界这么大，我想去看看。"老聃说："人性这么小，到哪都一样。"柏矩不听，背上行囊就去了齐国，结果见到一个处以死刑而抛尸示众的人，于是号啕大哭说，这都是有了荣辱争夺财务导致的弊端啊！古时候出现问题责备自己，现在力量不够便作假，智巧不足就欺诈，财力不济便行盗。这种盗窃的行径导致的严重后果应该由谁来负责呢？

要责备谁才可以呢？这个问题提得很深，按庄子的意见，要责备尧舜，因为是尧舜提倡仁义。光提倡仁义而不提倡人们认识自己的道，那么人们就会为了仁义而生出许多假仁假义的伪善。"要责备谁才可以呢？"这个问题至今也无法解决，这是进步呢？还是退步？只能说是人类的悲哀。所以庄子提倡道，就是想让所有的人都能明白，只有认清楚自己的人生之道，才能不走上违法犯罪的道路。

庄子说，蘧伯玉活了六十岁，而六十年来随时间变化与日俱新，何尝不是年初时认为是对的而年终时又转过来认为是错的。万物有其产生却看不见它的本根，有其出现却寻不见它的门径。人人都尊崇自己的才智所了解的知识，却不懂得凭借自己才智所不知道而后知道的知识，这能不算是最大的疑惑吗？算了吧算了吧！没有什么办法可以逃避这样的情况。这就是所谓对吗，真的对吗？

所谓与时俱化，是指每年都能根据时代的变化而调节自己，而不是抱着固有的思想观念一成不变。这也是《论语》上说的"学而时习之"之意，学习而经常调节自己。太阳每天在运转，地球每天也在运转，人世间瞬息万变，凡事都在变化，都在发展，每天都有新的东西出生、问世，在改变着我们的生活，我们不学习行吗？我们不调节、调整自己的心态行吗？因此，根据学习到的知识调节了心态，选择了新的行为方式，就是一个心理健康的人，也就是一个心怀坦荡的人。只有调节好自己的心态，才能往下继续学习，才能往下继续生活，才能往下继续工作。否则，抱着过去的知识、观点，不接受新的社会环境，不接受新的知识，我们怎么沿着人生道路向前走呢？然而在现实社会中，有很多很多人不会调节自己，尤其是受过高等教育、思想已经成熟定型的人，还有一部分是信仰某种宗教的人，他们总是抱着已有的思想观念，已有的知识结构，断然否定在自己人生道路上遇到的一些新问题，他们总是用不变的眼光来看待瞬息万变的世界，瞬息万变的人和事，总是用不变的眼光来看待已经变化了的环境。来到一个新环境，他们仍顽固地坚持着自己的思想观念、自己的知识结构，经过不断的否定之否定后，面对着新的事实，他们才不得不低下自己高昂的头颅。天地，大自然，有它们自己的道路和规律，而且这些道路和规律是不以人的意志为转移的，万事万物也有自己的道路和规律，而且也是不以人的意志为转移的。我们既然不能操控它们，那么就只能顺应它们，改变、调节自己的思想意志去适应它们。因此，只有调节好自己的心态，调节好自己的思想观念，才能适应不同的社会环境，才能适应不同的社会群体，才能获得自己的幸福快乐。

孔子向太史大弢、伯常骞、狶韦请教："卫灵公饮酒作乐荒淫无度，不愿处理国家政务；经常出外张网打猎射杀飞鸟，又不参与诸侯间

的交往与盟会；他死之后为什么还被追谥为灵公呢？"大弢说："这样的谥号就是因为他具有这样的德行。"伯常骞说："那时候卫灵公有三个妻子，他们在一个盆池里洗澡。卫国的贤臣史䲡奉召进到卫灵公的寓所，只得急忙接过衣裳来相互帮助遮掩。他对待大臣是多么的傲慢，而他对贤人又是如此的肃敬，这就是他死后被追谥为灵公的原因。"狶韦则说："当年卫灵公死了，占卜问葬说是葬在原墓地不吉利，而葬在沙丘上就能吉利。于是挖掘沙丘数丈，发现有一石制外棺，洗去泥土一看，上面还刻有一段文字，说：'不靠子孙，灵公将得此为冢。'灵公被叫作'灵'看来已经很久很久了，大弢和伯常骞怎么能够知道！"

世上没有是非之分，也没有好人坏人之分，关键看你站在什么角度、什么立场。也就是说，如果问一百个人，就会有一百种回答。卫灵公治国按照治国的道路，生活则按照自己的道路，所以人们对他褒贬不一。其实他不过是善于调节自己，能迅速转换自己的社会角色而已。

原文

少知问于大公调曰①："何谓丘里之言②？"大公调曰："丘里者，合十姓百名而以为风俗也；合异以为同，散同以为异。今指马之百体而不得马，而马系于前者③，立其百体而谓之马也。是故丘山积卑而为高，江河合水而为大④，大人合并而为公。是以自外入者，有主而不执⑤；由中出者，有正而不距⑥。四时殊气⑦，天不赐⑧，故岁成⑨；五官殊职，君不私，故国治；文武大人不赐⑩，故德备；万物殊理⑪，道不私，故无名⑫。无名故无为，无为而无不为。时有终始，世有变化。祸福淳淳⑬，至有所拂者而有所宜⑭；自殉殊面⑮，有所正者有所差。比于大泽，百材皆度⑯；观于大山，木石同坛⑰。此之谓丘里之言。"

少知曰："然则谓之道，足乎？"大公调曰："不然。今计物之数，不止于万，而期曰万物者⑱，以数之多者号而读之也⑲。是故天地者，形之大者也；阴阳者，气之大者也；道者为之公⑳。因其大以号而读之则可也，已有之矣㉑，乃将得比哉！则若以斯辩㉒，譬犹狗马，其不及远矣。"

少知曰："四方之内，六合之里，万物之所生恶起？"大公调曰："阴阳相照相盖相治㉓，四时相代相生相杀㉔，欲恶去就于是桥起㉕，雌雄片合于是庸有㉖。安危相易，祸福相生，缓急相摩㉗，聚散以成㉘。此名实之可纪㉙，精微之可志也㉚。随序之相理㉛，桥运之相使㉜，穷则反，终则始；此物之所有。言之所尽，知之所至，极物而已㉝。睹道之人，不随其所废㉞，不原其所起㉟，此议之所止。"

少知曰："季真之莫为㊱，接子之或使㊲，二家之议，孰正于其情，孰偏于其理？"大公调曰："鸡鸣狗吠，是人之所知；虽有大知，不能以言读其所自化，又不能以意其所将为㊳。斯而析之㊴，精至于无伦㊵，大至于不可围，或之始，莫之为，未免于物而终以为过㊶。或始则实，莫为则虚。有名有实，是物之居㊷；无名无实，在物之虚。可言可意，言而愈疏。未生不可忌㊸，已死不可徂㊹。死生非远也，理不可睹。或之使，莫之为，疑之所假㊺。吾观之本㊻，其往无穷；吾求之末㊼，其来无止。无穷无止，言之无也，与物同理；或使莫为，言之本也㊽，与物终始。道不可有，有不可无。道之为名，所假而行。或使莫为，在物一曲㊾，夫胡为于大方㊿？言而足〔51〕，则终日言而尽道；言而不足，则终日言而尽物。道物之极〔52〕，言默不足以载〔53〕；非言非默，议有所极〔54〕。"

注释

①少知、公调：虚拟人名，寓含知识浅薄与博大、公正、调谐的意思。

②丘里：乡里。

③系：拴缚。

④"水"字疑为"小"字之派，上句"卑"与"高"对文，本句"大妙"与"小"对文。

⑤主：指心有主见。执：执着，坚持己见。

⑥有正：具有正确的看法。"不距"是说不跟他人相违逆。

⑦殊：不同；下同此解。"殊气"即气节不一样。

⑧赐：给与。

⑨岁成：岁月的序列因此形成。

⑩文武：文臣武将。

⑪理：条理，规律。

⑫无名：没有称谓。

⑬淳淳：流动的样子。

⑭拂：违逆、乖背。

⑮殉：逐。"自殉殊面"是说各自追求不同的侧面。

⑯度：量，合于一定的尺度。

⑰坛：基。

⑱期：限。

⑲号：宣称；下同此解。读：语，说。

⑳为之公：为天地和阴阳二气所共同具备，即天地、阴阳都为大道所贯通。

㉑"已有之"是指已具有了"道"的名称。

㉒辩：通"辨"，区分、分别的意思。

㉓照：辉映。蓋：通"害"。

㉔杀：衰减。

㉕桥起：像桥梁一样相互连接而起。

㉖片：分。庸：常。

㉗缓急：喻指寿延与夭折。相摩：相互交接。

㉘聚散：指生与死。篇文认为，生乃气的聚合，死乃气的离散。

㉙纪：绪；"可纪"是说可以理出端绪。

105

㉚志：记载。

㉛随序：随物变化的次序。相理：相互遵循着一定的规律。

㉜桥运：像桥梁连接着彼此两个方面一样地运动。相使：相互间又彼此制约。

㉝极：限。

㉞随：追逐。

㉟原：推究。

㊱季真：齐国的贤人。莫为：季真的主张，认为万物都是自然地产生，不是出自什么人的作为。

㊲接子：齐国的贤人。或使：接子的主张，认为万物的产生总是有什么在支配。

㊳意：推测。所将为：将会怎么样。

㊴斯：此。"斯而析之"是说用此道理来加以推论和分析。

㊵伦：伦比。

㊶未免于物：不能免于为外物所拘滞。

㊷物之居：指名与实相合就构成物的具体存在。

㊸忌：禁。

㊹徂：字亦作"阻"，阻碍的意思。

㊺假：借。

㊻本：原本，这里指过去。

㊼末：末延，这里指未来。

㊽言之本：言谈者所各持的一端。

㊾曲：隅；"在物一曲"是说偏执于事物的一个方面。

㊿大方：大道。

(51)足：圆满。

(52)道物之极：大道乃是阐释万物的最高原理。

(53)言默：言谈与缄默。载：称述，表达。

(54)本句大意是用言语来评说总有一定的局限，可是大道却是没有极限的。

纪老师说

少知向大公调求教什么叫丘里之言，大公调说，所谓丘里，就是聚合十个姓，上百个人而形成共同的风气与习俗；组合每个不同的个体就形成混同的整体，离散混同的整体又成为各个不同的个体。就像马可以分成上百个部位一样，山丘积聚卑小的土石才成就其高，江河汇聚细小的流水才成就其大，伟大的人物并合了众多的意见才成就其公。四季、官吏、万物各有气候、职能和规律，各有各的用途，没有称谓就没有作为，没有作为就无所不为。这就是丘里的言论。

大公调说，当然这都不能说是道，因为道远比这些大得多。

大公调认为，阴阳产生了，互相胜过而又互相安定，这是说寒热之气相互循环，万物凭借热气而生，遭受寒气而亡，四季掌管着寒热的交替，所以万物就相互产生相互收束。大公调还认为，讨论万物的起源问题就到此为止，如果要去探讨阴阳寒热的起源，那就讨论不清了。按照大公调的言下之意，应该讨论的是万物的道和规律的问题，只有弄清楚天地、万物的道和规律，才能够弄清楚人的道和规律。

少知，是比喻知识浅少；大公调，是比喻广大公正，能调和万物。这是庄子虚拟的人名，实际上是借此二人之口表达出庄子想说的话。街谈巷议，不足以取信，因此唯有采取大多数人的意见，才能是所谓的公正。

古语说得好：兼听则明，偏听则暗。陈景润还是一位普通中学教师的时候，便曾对著名数学家华罗庚的学术论文《堆叠素数论》中的错误提出纠正意见，华罗庚闻之喜甚，在北京一个学术会议上，当众宣读原信，且建议大会邀请陈景润参加学术会议。可见即使学富五车的专家也难免有失误的时候；纵然是名不见经传的后生，也可能有正于耆宿。故而江海不辞涓滴，高山不拒细石。多听取别人的意见，你将获益匪浅，无论道德还是学问。

一个人的智慧是有限的，只有不断地从别人的见解中吸取合理、有益的成分，以弥补自己的不足，才能减少失误，取得成绩。故善于倾听别人的意见是每一个有志者必须具备的品格。世界上的事物错综复杂，人们受自身知识、经历、观念、涵养等因素的局限，难免在见解上有所缺失；如果把多种意见集中起来，进行综合、比较、鉴别，从而去伪存真，自然就更公正合理。

我们每个人都可能遇到被蒙蔽的时候，但如果不是那么自以为是，对于周围人的建议能认真地考虑一下的话，是不是可以避免一些不该发生的事发生呢。

历史上，齐威王善于倾听邹忌的意见，以致"燕赵韩魏闻之，皆朝于齐"；唐太宗善于采纳魏征的谏言，始有"贞观之治"；假若刘邦不听萧何的荐举，韩信不得拜将，何以有汉家邦国？如果赵奢不听许历的建议，何以能在领兵救韩中挫败秦军夜袭的阴谋而大败秦兵？倾听别人的意见，还要防止因人废言的恶习，不要因为别人的地位卑微抑或文化程度等不如自己便听不进去；古语说得好："智者千虑，必有一失；愚者千虑，必有一得。"高山自有高山的巍峨，细石自有其独到的玲珑，相得益彰，互补方能全美。

外 物

原文

外物不可必①,故龙逢诛②,比干戮③,箕子狂④,恶来死⑤,桀纣亡。人主莫不欲其臣之忠,而忠未必信⑥,故伍员流于江⑦,苌弘死于蜀⑧,藏其血三年而化为碧。人亲莫不欲其子之孝,而孝未必爱⑨,故孝己忧而曾参悲⑩。木与木相摩而然⑪,金与火相守则流⑫。阴阳错行⑬,则天地大絯⑭,于是乎有雷有霆,水中有火⑮,乃焚大槐。有甚忧两陷而无所逃⑯,螴蜳不得成⑰,心若县于天地之间⑱,慰暋沈屯⑲,利害相摩,生火甚多⑳;众人焚和㉑,月固不胜火㉒,于是乎有僓然而道尽㉓。

注释

①必:必然。

②龙逢:夏桀时代的贤臣,姓关名龙逢,多次劝谏夏桀反遭杀害。

③比干:殷纣王庶出的叔叔,因多次劝谏而遭杀害。

④箕子:殷纣王庶出的叔叔,屡次劝谏都不被采纳,因而假装疯癫。

⑤恶来:殷纣王的谀臣。

⑥信:用于被动,"未必信"即未必能够受到信任。

⑦伍员:即伍子胥。

⑧苌（cháng）弘：周王朝的贤大夫，相传流放巴蜀后被剖腹而死。

⑨爱：用于被动。

⑩曾参：孔子弟子，很有孝心，但却常遭父母打骂。

⑪摩：摩擦。然：燃烧，后写作"燃"。

⑫流：指金属熔化。

⑬错行：错乱不顺。

⑭絃（hài）：通"骇"，惊动的意思。

⑮火：指闪电。

⑯甚：通"媅"，欢乐的意思。

⑰䁂（chén）蜳（dūn）：即忳惇，恐惧不安的样子。

⑱县：悬。

⑲慰：郁。暋：忧。沈：深。屯：难。

⑳生火甚多：形容内心焦躁不安。

㉑众人：一般的人，即世俗的人。

㉒月：喻指心境清明淡泊。火：指内心的焦虑。

㉓僓（tuí）然：即颓然，精神崩溃的样子。

原文

庄周家贫,故往贷粟于监河侯①。监河侯曰:"诺。我将得邑金②,将贷子三百金③,可乎?"庄周忿然作色曰④:"周昨来,有中道而呼者⑤。周顾视车辙中⑥,有鲋鱼焉⑦。周问之曰:'鲋鱼来⑧!子何为者邪?'对曰:'我,东海之波臣也⑨。君岂有斗升之水而活我哉⑩?'周曰:'诺。我且南游吴越之王⑪,激西江之水而迎子⑫,可乎?'鲋鱼忿然作色曰:'吾失我常与⑬,我无所处。吾得斗升之水然活耳⑭,君乃言此⑮,曾不如早索我枯鱼之肆⑯!'"

注释

①监河侯:旧注指魏文侯。

②邑金:封邑之地的赋税。

③金:古代弁算货币的单位,约等于二十两。

④色:"作色"是说脸色骤变。

⑤中道:途中。

⑥顾视:回头看。

⑦鲋(fù)鱼:即鲫鱼。

⑧来:语气词。

⑨波臣:水族中的一员。

⑩岂：表示祈请的语气。活我：使我活下来。

⑪游：游说，劝说。

⑫激：引。

⑬常与：经常生活的环境，这里指水。

⑭然：用作连词，这里讲作"就"。

⑮乃言此：竟说出这样的话。

⑯曾：还。索：求，找寻。肆：商店、市场。

原文

　　任公子为大钩巨缁①,五十犗以为饵②,蹲乎会稽③,投竿东海,旦旦而钓④,期年不得鱼⑤。已而大鱼食之⑥,牵巨钩,錎没而下⑦,骛扬而奋鬐⑧,白波如山,海水震荡,声侔鬼神⑨,惮赫千里⑩。任公得若鱼⑪,离而腊之⑫,自制河以东⑬,苍梧已北⑭,莫不厌若鱼者⑮。已而后世辁才讽说之徒⑯,皆惊而相告也。夫揭竿累⑰,趣灌渎⑱,守鲵鲋⑲,其于得大鱼难矣。饰小说以干县令⑳,其于大达亦远矣㉑,是以未尝闻任氏之风俗㉒,其不可与经于世亦远矣㉓。

注释

①任公子:任国的公子。钩:"钩"字的古体;下同。缁:黑绳。

②犗(jiè):阉割过的牛,这里泛指牛。

③会稽:山名。

④旦旦:天天。

⑤期(jī)年:周年,整整一年。

⑥已而:后来不久。下同此解。

⑦錎(xiàn):通"陷"。"錎没"指大鱼牵着巨钩急速沉入海底。

⑧骛扬:迅急地腾身而起。"骛"亦写作"鹜",这里未从。鬐(xiǎng):鱼脊。

⑨侔（móu）：齐，"声侔鬼神"是说声音如同鬼神。

⑩惮赫：震惊。

⑪若鱼：即这样一条大鱼。

⑫离：剖解。腊：干肉，意思是制成鱼干。

⑬制河：即今之浙江。

⑭苍梧：岭南的山名。

⑮厌：满足；后写作"餍"。

⑯辁（quán）才：小才，浅薄之人。

⑰揭：举。累：细绳。

⑱趣：亦写作"趋"，趋赴、奔走的意思。灌渎：小水渠。

⑲鲵鲋：小鱼。

⑳小说：浅薄的言辞。干：求。县：悬，这里指高高的意思。令：美名。

㉑大达：通晓大道。

㉒风俗：风气、风格，这里指任公子有所大成的志向。

㉓经：治。

纪老师说

我们经常心存侥幸地说，假如什么什么。可这世上的万物都有自己的道路和规律而并没有什么假如，关龙逢就是因为心存侥幸地劝说夏桀王，所以被诛杀。比干以叔父、大臣的身份劝说商纣王，也是心存侥幸，希望商纣王能够洗心革面，可是却被商纣王挖心。木与木相摩擦则燃烧，金与火相炼守则溶化，阴阳交错运行，那么天地就有了约束，这些都不存在什么假如。如果我们不顾万事万物的道路和规律而心存假如，那么必然就会精神败坏而大道尽然丧失。

万事不能靠假如，假如的危害真的挺大。

发生矿难，有人在报纸上说了无数个假如，假如领导重视、假如矿区加强安全检查、假如对那些隐患提前预警，这一切都不会发生了。发生泥石流造成人员伤亡，有人又说了无数个假如，假如事先预警、假如早日搬离、假如人们能够及时发现。这假如好吗？当然好，但如果这假如是提前量而不是马后炮，是不是会更好一点呢？

人生没有假如，任何事发生了的就已经算过去，没有发生的我们可以深思熟虑。我们可以总结过去，也可以小心地面对未来，但千万不要存在假如的想法，那样只能使你活在虚幻中。为自己的每一次失败寻找借口，从而不能更好地面对真实的生活。

庄周家境贫寒，所以就找监河的官去借粮。监河官说："好，我将要得到封地的租金，那时我借给你三百金，可以吗？"庄周生气变了脸色，说："我昨天来的时候，听到有人在道路中间呼喊。我回头看，发现车辙里有条鲋鱼在那儿。我问它：'鲋鱼！你是什么人？'鲋鱼回答说：'我是海神的臣子，您能否有一点水来救活我吗？'我说：'好，我将往南去拜访吴王和越王，引来西江的水救你，怎么样？'鲋鱼生气变了脸色，说：'我失去了我的住所，没有地方安身，我只要一点水就能活了，你竟然这样说，还不如早点到卖干鱼的店里去找我！'"

万事万物都有各自的道路和规律，鱼的生存之道是片刻不能离开水，人的生存之道是一日不能无饮食，而监河侯却忘记了人的生存之道和规律，那么他还懂得水的道和规律吗？

庄子善于通过寓言故事来说理，这个故事是用来说明求助于人是困难的，统治者是虚伪的。对我们的启示就是，当别人有困难的时候，要

诚心诚意尽自己的力量去帮助，决不能只说大话，开空头支票，不切实际的好话是毫无用处的。记住一句话，远水解不了近渴啊！

任公子用大钩和粗黑的长绳作钓具，用五十头牛做鱼饵——乖乖，光看鱼饵就知道绝对是大制作、大手笔，因为寻常人的鱼饵只是些蚯蚓小虫子罢了。他蹲在会稽山上，投竿于东海，天天守钓，一年多了，却还没有钓到鱼。但终于这一天大鱼来了，大鱼一咬饵，动静非同小可，它扬头摇尾地挣扎，弄得白浪如山，海水震荡，鬼神俱惊。经过激烈的较量，任公子终于钓上这条大鱼，他将这条大鱼剖开晾成鱼干，分给大家吃。从浙江以东到苍梧以北，大家都饱餐这种鱼肉，以致都吃腻了。这时候那些浅薄多嘴之徒才奔走相告，惊叹于任公子的才能。于是都学着去钓鱼，不过他们去的都是山沟小渠之地，是钓不到大鱼的。

钓小鱼有钓小鱼之道，钓大鱼有钓大鱼之道，以钓小鱼之道来经营社会事务，当然也就达不到目的了。

修饰浅薄的言辞以求得高高的美名，对于达到通晓大道的境界来说距离也就很远很远了，因为他们不会了解任公子胸怀大志的风范。这个故事体现了"舍小就大"真义，是道家思想所告诉我们的真义之一。

小舍小得，大舍大得，不舍不得。人生如白驹过隙，忽然而已。在短暂的人生中，什么是最重要的呢？舍小就大，正是取舍自如的人生智慧。

原文

儒以《诗》《礼》发冢①，大儒胪传曰②："东方作矣③，事之何若④？"小儒曰："未解裙襦⑤，口中有珠。《诗》固有之曰⑥：'青青之麦，生于陵陂⑦。生不布施，死何含珠为⑧！'""接其鬓⑨，压其，儒以金椎控其颐，徐别其颊，无伤口中珠！"

注释

①发：挖掘，打开。冢：坟墓。

②胪（lú）传：从上向下传告话语。

③作：这里指太阳的光亮已经露出。

④何若：如何，怎么样。

⑤襦：短衣。

⑥诗：古代逸诗。

⑦陂（bēi）：山坡。

⑧为：语气词，表示疑问语气。

⑨接：撮，这里指从两鬓用力往内挤压。鬓：腮帮上的胡须。

⑩儒：通"而"，用作第二人称代词。控：敲击。颐：腮帮，即下巴。

纪连海谈 庄子

原文

老莱子之弟子出薪①,遇仲尼,反以告②,曰:"有人于彼,修上而趋下③,末偻而后耳④,视若营四海⑤,不知其谁氏之子。"老莱子曰:"是丘也⑥。召而来。"仲尼至。曰:"丘!去汝躬矜与汝容知⑦,斯为君子矣⑧。"仲尼揖而退,蹙然改容而问曰⑨:"业可得进乎⑩?"老莱子曰:"夫不忍一世之伤而骜万世之患⑪,抑固窭邪⑫,亡其略弗及邪⑬?惠以欢为骜⑭,终身之丑,中民之行进焉耳⑮,相引以名⑯,相结以隐⑰。与其誉尧而非桀⑱,不如两忘而闭其所誉⑲。反无非伤也⑳,动无非邪也㉑。圣人踌躇以兴事㉒,以每成功㉓,奈何哉其载焉终矜尔㉔!"

注释

①老莱子:楚国的贤人,隐居于蒙山,楚王要他出来做官,他不愿为官而迁居。薪:用作动词,打柴。"出薪"亦作"出拾薪"。

②反:返;打柴归来。

③修:长;"修上"即上身长。趋:短促。

④末偻:头部朝前弯腰曲背。后耳:两耳后贴。

⑤营:谋。"视若营四海"是说目光敏锐周遍四方。

⑥是:此,这个人。

⑦矜:矜持,傲慢。知:智。

⑧斯:连词,用词于"则"。

⑨蹙然:惊恐不安的样子。

⑩业:学业,所从事的工作。

⑪骜:亦作"鹜",奔波、驰驱的意思。

⑫窭（jù）：贫穷，这里指内心的贫乏。

⑬亡其：与上句的"抑"字关联而成选择关系，相当于现代汉语的"抑或……还是……"的用法。略：谋略，才智。

⑭惠：布施恩惠。欢：指博取欢心。骜：通"傲"。

⑮中民：普通人，平庸的人。

⑯相引以名：即以名相引，用名声相互招引。

⑰隐：私；"相结以隐"是说用私利相互勾结。

⑱非：非议，谴责。

⑲本句与前一句不能相应，疑有错讹。

⑳反：背逆。"反无非伤"是说背逆事理和物性无不受到损伤。

㉑动：这里指内心受到扰乱。

㉒蹎蹎：从容，指不违背拿物的真情而稳妥地从事。兴事：使事业兴盛。

㉓以：因而。每：每每，总是。

㉔载：执意而行。

原文

宋元君夜半而梦人被发窥阿门①，曰："予自宰路之渊②，予为清江使河伯之所③，渔者余且得予④。"元君觉，使人占之，曰："此神龟也。"君曰："渔者有余且乎？"左右曰："有。"君曰："令余且会朝⑤。"明日，余且朝。君曰："渔何得？"对曰："且之网得白龟焉，其圆五尺。"君曰："献若之龟。"龟至，君再欲杀之，再欲活之，心疑，卜之，曰："杀龟以卜吉⑥。"乃刳龟⑦，七十二钻而无遗筴⑧。仲尼曰："神龟能见梦于元君⑨，而不能避余且之网；知能

七十二钻而无遗筴，不能避刳肠之患。如是，则知有所困，神有所不及也。虽有至知，万人谋之⑩。鱼不畏网而畏鹈鹕⑪。去小知而大知明，去善而自善矣⑫。婴儿生无石师而能言⑬，与能言者处也。"

注释

①宋元君：宋国国君，即宋元公。被：通"披"。阿门：侧旁的小门。

②宰路：江边一深水潭名。

③使：出使。河伯：神话中黄河的水神。

④余且：渔夫名。

⑤会朝：朝见。

⑥以卜：以之卜，用龟甲来占卜。

⑦刳：剖开后挖空。

⑧七十二：非实数，极言多次。钻：卜问时灼钻龟板。筴："策"字的异体，算计。

⑨见：显。

⑩本句语意有所隐含，"万人谋之"意思是不能匹敌万人的谋算。

⑪鹈（tí）鹕（hú）：一种捕鱼的水鸟。

⑫前后两个"善"字意思不尽一样，前一"善"字指矜持矫饰的善行，后一"善"字指回归自然的善性。

⑬石（shuò）：通"硕"。

纪老师说

近两年，网上流行的文章中有一类题材是盗墓，诸如什么《盗墓笔记》之类，这类作品和作者还拥有很多的粉丝，可能是现代人困于生活的小圈子，急于想借一些匪夷所思的事物来刺激一下感官。

不过，当我看到庄子也在写盗墓之事时，我还是会神一笑的。

儒生表面运用诗、书而暗地里却在盗墓。大儒在上面向下传话："太阳快升起来了，事情进行得怎么样？"小儒说："下裙和内衣还未解开，口中还含着珠子。古诗上就有这样的诗句：'青青的麦苗，长在山坡上。生前不愿周济别人，死了怎么还含着珠子！'"大儒说："挤压他的两鬓，按着他的胡须，你再用锤子敲打他的下巴，慢慢地分开他的两颊，不要损坏了口中的珠子！"

这则故事很多解释都是说儒士盗窃古墓。但有人却不以为然，把它看成是儒士正在阐明高官的职责。儒生忙着做事，正巧在这个时候，大儒——即高官前来催促，小儒急忙解释，并随口用诗句回答，意在说明，麦苗也要慢慢生长，我的工作怎么能一蹴而就？高官的职责并不是催促下属，而是要让下属安心工作，只有各司其职，各尽所能，政务才能和谐。

庄子笔下的孔子，经常会被吃瘪。

老莱子的弟子出外打柴，遇上了孔丘，打柴归来和老莱子说："有个人在那里，上身长下身短，伸颈曲背而且两耳后贴，眼光敏锐周遍四方，不知道他是姓什么的人。"老莱子说："这个人一定是孔丘。快去叫他来见我。"孔丘来了，老莱子说："孔丘，去掉你仪态上的矜持和容颜上的睿智之态，那就可以成为君子了。"孔丘听了后谦恭地作揖而退，面容顿改心悸不安地问道："我所追求的仁义之学可以修进并为世人所用吗？"老莱子说："不忍心一世的损伤却会留下使后世奔波不息的祸患，你是本来就孤陋蔽塞，还是才智赶不上呢？布施恩惠以博取欢

心并因此自命不凡,这是终身的丑恶,是庸人的行为罢了,这样的人总是用名声来相互招引,用私利来相互勾结。悖逆事理与物性定会受到损伤,心性被搅乱就会邪念顿起。圣哲的人顺应事理稳妥行事,因而总是事成功就。你执意推行仁义而且以此自矜又将会怎么样呢?"

老莱子的意思是说,孔子在这一世宣扬了仁义礼智信,那么仁义礼智信就会成为后代万世的祸害。老莱子的理论基础与庄子的意见是同样的,要人们懂得人生大道,懂得了人生大道,那么人们自然而然就会有仁义礼智信的行为。如果只提倡仁义礼智信,那么人们就会变得假仁假义,虚伪。因此,只提倡仁义礼智信,就会成为万世的祸害。

当然,我们要以辩证的观点看待问题。孔子提倡仁义礼智信,未必就能完善及解决社会所有问题,但一个彻底丧失仁义礼智信的社会,带来的结果是没有任何人所乐见的。政治正统与否,对一个没有真正仁义礼智信存在的社会而言,维护统治只是苟延而已。

中国有句俗语"在家靠父母,出门靠朋友"。社会的现实更是"靠方式",靠关系、靠金钱、靠靠山、儿子靠老子、女人靠男人、下级靠上级……可只要仔细想过,最终到底谁靠得住?

宋元君半夜里梦见有人披散着头发在侧门旁窥视,说:"我来自名叫宰路的深渊,我作为清江的使者出使河伯的居所,渔夫余且捕捉了我。"宋元君找到余且要来白龟,把白龟杀掉做成占卜的用具。数十次推断居然没有失误。

神龟很神吗?按孔子的说法,不神。如果神,它就不会被捕捞,也不会遭遇割肠的祸患。宋元君不懂得这个道理,而相信占卜,并且杀龟用来占卜,这就说明了他的愚昧无知。《尚书·洪范》里说过,占卜只是选择方法中的一种,假若你有大的疑惑,先要自己考虑,再与卿士商量，再与庶民商量，最后再用卜筮。

经常在街头见一些卜者，摆个地摊，算个灵卦什么的，那么卜筮真是灵验的吗？

单纯的从白龟来看，这个大龟自己都算不准自己的命运，怎么会灵验呢？

所以说，靠什么也不如靠自己，自己才是救赎自己的神灵。好不好都是自己，行不行也是自己的，生活里谁都不是谁的谁，你的事自己做，你的路自己走。生命中靠天、靠地，不如靠自己。你才是你自己的救世主！因为不管在何种场地，你是何种身份，做出选择的始终都是你自己！

有人说，靠山山会倒，靠人人会跑，只有自己最可靠。

这句话，没毛病！

原文

惠子谓庄子曰:"子言无用。"庄子曰:"知无用而始可与言用矣。天地非不广且大也①,人之所用容足耳。然则厕足而垫之②,致黄泉③,人尚有用乎?"惠子曰:"无用。"庄子曰:"然则无用之为用也亦明矣。"

注释

①天地:偏义复词,义重在"地","天"字只起音节性陪衬的作用。

②厕:置;"厕足"指投足之处。垫:掘。

③致:直到。

原文

庄子曰:"人有能游①,且得不游乎?人而不能游②,且得游乎?夫流遁之志③,决绝之行④,噫,其非至知厚德之任与⑤!覆坠而不反⑥,火驰而不顾⑦,虽相与为君臣,时也,易世而无以相贱⑧。故曰至人不留行焉⑨。夫尊古而卑今,学者之流也⑩。且以豨韦氏之流观今之世,夫孰能不波?唯至人乃能游于世而不僻⑪,顺人而不失己⑫。彼教不学⑬,承意不彼⑭。"

目彻为明⑮，耳彻为聪，鼻彻为颤⑯，口彻为甘，心彻为知，知彻为德。凡道不欲壅，壅则哽⑰，哽而不止则跈⑱，跈者众害生。物之有知者恃息，其不殷⑲，非天之罪。天之穿之，日夜无降⑳，人则顾塞其窦㉑。胞有重阆㉒，心有天游㉓。室无空虚，则妇姑勃豀㉔；心无天游，则六凿相攘㉕。大林丘山之善于人也㉖，亦神者不胜。

注释

①游：随心而游，含有自适自乐之意。

②而：通"若"，如果。

③流：流荡。遁：逃隐。

④决：矢志不谕。绝：刻意孤高。

⑤任：作为。

⑥覆坠：倾覆坠落，这里指沉溺于世事。

⑦火驰：像烈火燃烧一样地疾速驱驰，这里喻指追逐外物。

⑧践：通"贱"。贱视，地位低下。

⑨留：滞留。

⑩学者：稚学之人，即还未能通达事理的人。

⑪僻：不正，邪僻。

⑫失己：失却自己的天性与真情。

⑬彼：指代前面所说的尊古卑今的观点。

⑭不彼：不分彼此，即不做争辩。

⑮彻：透彻，贯通。

⑯颤（shān）：通"膻"，这里指嗅觉。

⑰哽：阻塞。

⑱跸（jiàn）：践踏。

⑲殷：盛。

⑳降：止息。

㉑顾：用作连词，表示转折关系。窦：孔窍。

㉒胞：包裹胎儿的囊膜，这里泛指内腹。阆（làng）：空旷之处。

㉓天游：没有拘系的自然而游。

㉔妇姑：媳妇与婆婆。勃豀：家庭里的争吵。

㉕六凿：六窍。攘：扰乱。

㉖善：宜。

原文

德溢乎名①，名溢乎暴②，谋稽乎誝③，知出乎争，柴生乎守④，官事果乎众宜。春雨日时⑤，草木怒生，铫鎒于是乎始修⑥，草木之到植者过半⑦，而不知其然。

静然可以补病，眦搣可以休老⑧，宁可以止遽⑨。虽然，若是，劳者之务也⑩，非佚者之所未尝过而问焉⑪。圣人之所以駴天下⑫，神人未尝过而问焉⑬；贤人所以駴世，圣人未尝过而问焉；君子所以駴国，贤人未尝过而问焉；小人所以合时，君子未尝过而问焉。

演门有亲死者⑭，以善毁爵为官师⑮，其党人毁而死者半⑯。尧与许由天下，许由逃之；汤与务光⑰，务光怒之。纪他闻之⑱，帅弟子而踆于窾水⑲；诸侯吊之⑳，三年，申徒狄因以踣河㉑。荃者所以在鱼㉒，得鱼而忘荃；蹄者所以在兔㉓，得兔而忘蹄；言者所以在意，得意而忘言。吾安得夫忘言之人而与之言哉！

注释

①溢：水满外流，这里是多余、过度的意思。

②暴（pù）：外露。

③稽：考求。谑：急。

④柴：通"砦"，用于防守的栅栏，这里喻指闭塞。守：执滞。

⑤"日时"疑有讹误，全句暂理解为春雨适时而降。

⑥铫（yáo）、耨（rù）：锄地的工具。

⑦到植：再生。

⑧眦（zī）搣（wēi）：亦即"揃搣"或"攀搣"，类似按摩的养生法。休：亦作"沐"，译文从"休"。

⑨遽：急促。

⑩劳者之务：操劳的人所务必要做到的。

⑪非：衍文，疑为注文窜入。佚：通"逸"，闲逸的意思。

⑫骇（hài）：惊骇。"所以骇"指用来惊动天下的办法。

⑬神人：这里指精神世界超脱于物外的人，即能够体察大道的人。

⑭演门：即寅门，宋国都城的东门。

⑮善：至孝。毁：毁容，指消瘦。官师：官名。

⑯党人：乡里之人。

⑰务光：商汤时代的隐者。

⑱纪他：又一隐者。

⑲踆：通"蹲"，停留、隐遁的意思。窾（kuǎn）水：一水名。

⑳吊：慰问。

㉑申徒狄：人名。踣：仆倒。

㉒荃：通"筌"，捕鱼的器具。所以在鱼：用来捕存鱼儿的工具。

㉓蹄：捕捉小动物的兽网。即置（jū）罘（fú）。

纪老师说

惠子与庄子的谈话，总是哲思十足。

惠子对庄子说："你的言论没有用处。"庄子说："懂得没有用处方才能够跟他谈论有用。大地不能不说是既广且大了，人所用的只是脚能踩踏的一小块罢了。既然如此，那么只留下脚踩踏的一小块其余全都挖掉，一直挖到黄泉，大地对人来说还有用吗？"惠子说："当然没有用处。"庄子说："如此说来，没有用处的用处也就很明白了。"

一个人在这个世上生存，不是孤立的，他需要各种各样的物质以保证自己的生存，所以有许多看似无用的东西其实都有用，比如泥土，对我无用，可是不论什么粮食生产都离不开它。比如一颗螺丝帽，对我无用，可是任何生产商品的机器都离不开它。所以，有许多看似无用的东西，其实都有用，只不过我们暂时不知道其用处罢了。因此，惠施说庄子的言论无用，是错误的。庄子的言论，对惠施来说可能无用，但有谁知道对其他人有没有用呢？

《史记》记载了这样一个故事：战国时期，战国四公子之一的孟尝君带着门客到秦国旅行，秦昭王想留他做相国，他不肯，被秦昭王扣留，他准备逃离秦国回到齐国，于是他的一个门客拿着一件白狐裘从宫殿的狗洞里钻进去，向秦昭王的宠妃贿赂，宠妃于是跟秦昭王求情，昭王也就睁只眼闭只眼了。孟尝君在清晨出逃，但是秦国规定，鸡还没打鸣时不准开城门，于是他的另一个门客就模仿鸡打鸣，守门卫士一边咒骂着"今天鸡怎么叫得这么早"，一边打开了城门，孟尝君得以顺利逃回齐国。

鸡鸣狗盗都是些毫末微技，看上去没有多大用途，可对孟尝君来说，关键时刻能救命，你能说他没有用处吗？

庄子说："人若能随心而游，那么难道还会不自适自乐吗？人假如不能随心而游，那么难道还能够自适自乐吗？流荡忘返于外物的心思，矢志不渝弃世孤高的行为，唉，恐怕不是真知大德之人的所作所为吧！沉溺于世事而不知悔悟，心急如焚地追逐外物而不愿反顾，即使相互间有的为君有的为臣，也只是看作一时的机遇，时世变化后就没有谁会认为自己地位低下了。所以说道德修养极为高尚的人从不愿意在人生的旅途上有所滞留。崇尚古代鄙薄当今，这是未能通达事理之人的观点。用狶韦氏之流的角度来观察当今的世事，谁又能不在心中引起波动？道德修养极为高尚的人方才能够混迹于世而不出现邪僻，顺随于众人之中却不会失却自己的真性。尊古卑今的见教不应学取，禀受其意也不必相互对立争辩不已。"

眼光敏锐叫作明，耳朵灵敏叫作聪，鼻子灵敏叫作膻，口感灵敏叫作甘，心灵透彻叫作智，聪明贯达叫作德。大凡道德总不希望有所壅塞，壅塞就会出现梗阻，梗阻而不能排除就会出现相互践踏，相互残踏那么各种祸害就会随之而起。物类有知觉靠的是气息，假如气息不盛，那么绝不是自然禀赋的过失。自然的真性贯穿万物，日夜不停，可是人们却反而堵塞自身的孔窍。腹腔有许多空旷之处因而能容受五脏怀藏胎儿，内心虚空便会没有拘系地顺应自然而游乐。屋里没有虚空感，婆媳之间就会争吵不休；内心不能虚空而且游心于自然，那么六种官能就会出现纷扰。森林与山丘之所以适宜于人，也是因为人们的内心促狭、心神不爽。

这些仍是庄子与惠施的对话，只是全部都是庄子的话。庄子先论述

人有什么心思，就会有什么行为，所以真诚的人没有拖延的行为，而不真诚的人只会在那里遐想，难有行为。接下来论述唯有真诚的人才能游心于世而不退避，顺乎人情而不丧失自己的本性。然后庄子论述了人的心灵要空，不能被物质所阻塞。

庄子认为，德行的外溢是由于名声，名声的外溢是由于张扬，谋略的考究是由于危急，才智的运用是由于争斗，闭塞的出现是由于执滞，官府事务处理果决是由于顺应了民众。春雨应时而降，草木勃然而生，锄地的农具开始整修，田地里杂草锄后再生超过半数，而人们往往并不知道为什么会这样。

沉静可以调养病体，摩摩擦擦可以延缓衰老，宁寂安定可以止息内心的急促。虽然如此，像这样，仍是操劳的人所务必要做到的，闲逸的人却从不予以过问。圣人用来惊骇天下的办法，神人不曾过问；贤人用来惊骇时世的办法，圣人不曾过问；君子用来惊骇国人的办法，贤人不曾过问；小人用来苟合于一时的办法，君子也不曾过问。

东门口有个死了亲人的人，因为格外哀伤日渐消瘦而加官进爵被封为官师，他的同乡仿效他也消瘦毁容却死者过半。尧要禅让天下给许由，许由因而逃到箕山；商汤想把天下禅让给务光，务光大发脾气；纪他知道了这件事，率领弟子隐居在窾水一带，诸侯纷纷前往慰问，过了三年，申徒狄仰慕其名而投河自溺。

竹筌是用来捕鱼的，捕到鱼后就忘掉了鱼筌；兔网是用来捕捉兔子的，捕到兔子后就忘掉了兔网；言语是用来传告思想的，领会了意思就忘掉了言语。我怎么能寻找到忘掉言语的人而跟他谈一谈呢！

以上内容，庄子论述了规律、名声、计谋、智慧、闭塞的产生，借草木生长说明了规律的不可知性。论述了什么人做什么事的道理。庄子最后用"得意而忘言"表达了他忘人忘我而顺随自然的道理。庄子的这些言论是有用还是无用呢?

想来,这一番理论下来,惠施应该是哑口无言了。

庄子这是进一步阐明顺应自然的观点,反对矫饰,反对有所操持,希望能做到遗物而忘我,最终进入到"得意而忘言"的境界。

寓 言

原文

　　寓言十九①，重言十七②，卮言日出③，和以天倪④。寓言十九，藉外论之⑤。亲父不为其子媒。亲父誉之，不若非其父者也；非吾罪也，人之罪也。与己同则应，不与己同则反；同于己为是之⑥，异于己为非之⑦。重言十七，所以已言也⑧，是为耆艾⑨。年先矣⑩，而无经纬本末以期年耆者⑪，是非先也。人而无以先人⑫，无人道也⑬；人而无人道，是之谓陈人⑭。卮言日出，和以天倪，因以曼衍⑮，所以穷年⑯。

　　不言则齐⑰，齐与言不齐，言与齐不齐也，故曰无言⑱。言无言，终身言，未尝不言⑲；终身不言，未尝不言。有自也而可⑳，有自也而不可；有自也而然㉑，有自也而不然。恶乎然？然于然。恶乎不然，不然于不然。恶乎可，可于可。恶乎不可？不可于不可。物固有所然，物固有所可，无物不然，无物不可。非卮言日出，和以天倪，孰得其久！万物皆种也㉒，以不同形相禅㉓，始卒若环㉔，莫得其伦㉕，是谓天均㉖。天均者，天倪也。

注释

①寓言：寄寓之言。十九：十分之九。

②重言：即引言，引用前辈圣哲的言论。十七：十分之七。

③卮（zhì）言：自然而无成见的言论。日出：天天更新。

④和：合。天倪：自然的分际。

⑤藉：借助。外：外在的客观情况。

⑥为：则，用作连词。是之：以之为是，认为是正确的。

⑦非之：以之为非，认为是不正确的。

⑧已：纪，记载并加以传述的意思。

⑨耆（qí）：六十岁。艾：五十岁。

⑩年先：年龄在先，即年长。

⑪经纬：喻指治世的本领。本末：喻指事理的端绪。期：合。

⑫先人：先于他人。

⑬人道：为人之道。

⑭陈人：陈腐无用的人。

⑮因：循。曼衍：无心地变化发展。

⑯穷：尽。

⑰齐：齐一，等同。

⑱无言：忘言，不如不说。

⑲未尝不言："不"字当是衍文，删去"不"字前后句意方能贯达，句式也能相应。

⑳自：由。

㉑然：对的、正确的。

㉒种：指万物的源起，"皆种"是说皆出自气。

㉓禅：代更替。

㉔卒：终了。

㉕伦：理。这里指循环往复变化的规律。

㉖天均：自然的均衡。

　　庄子认为，寓言十句有九句让人相信，重言十句有七句让人相信，卮言天天变化更新。寓言让人相信的理由是借助于客观事物的实际来进行论述，跟自己的看法相同一致就应和肯定，跟自己的看法不同就反对否定。重言传告了前辈的论述，如果前辈不能具备治世的本领和通晓事理的端绪，就会缺乏做人之道，陈腐无用。卮言天天变化更新，跟自然的区分相互吻合，因循无尽的变化与发展，因此能持久延年。

　　分辨事物的言论跟客观齐一的自然之理不能谐和一致，所以虽然有话可说却不如不说。终身说话，像是不曾说过话，也未尝不是在说话。万物原本就有它正确的方面，万物原本就有它可以肯定的方面，没有什么物类不存在正确的方面，没有什么物类不存在应当肯定的方面。自然均衡也就是自然的分际，它开始和终了就像在循环往返，没有规律。随心表达、无有成见的言论天天变化更新，跟自然的区分相互吻合，所以能够维持长久。

　　所谓"寓言"就是以假托他人之言来阐发自己的道理，所谓"重言"就是尊重古人的言论，所谓"卮言"就是指临时发挥的支离破碎、不成体系的言论。卮言在《庄子》中占很重要的地位。通过这些支离的言论，我们才能了解天的均衡发展。也就是说，天地、万物是均衡、和谐共存的，找到这种和谐共存的头绪，我们人类才能幸福地在这个世界生存。

　　从庄子的观点来看，宇宙万物从根本上说是齐一的、等同的，辨析事物的各种言论到底是不符合客观事理的，要么不如忘言，要么随顺而言不留成见，日日变化更新。

原文

　　庄子谓惠子曰："孔子行年六十而六十化①，始时所是②，卒而非之，未知今之所谓是之非五十九非也③。"惠子曰："孔子勤志服知也④。"庄子曰："孔子谢之矣⑤，而其未之尝言⑥。孔子云：'夫受才乎大本⑦，复灵以生⑧。'鸣而当律⑨，言而当法。利义陈乎前，而好恶是非直服人之口而已矣⑩。使人乃以心服，而不敢蘁立⑪，定天下之定⑫。已乎已乎！吾且不得及彼乎⑬！"

注释

①六十化：六十年来与日俱新随年变化。

②所是：所认为对的。

③五十九年非：五十九岁认为是不对的。

④勤志：勤于励志。服：用。

⑤谢：代谢，这里指"勤志服知"也已退减。

⑥而：你。未之尝言：未尝言之，不要再说三道四。

⑦受才：禀受才智。大本：大道。

⑧灵：灵性。

⑨律：乐律。

⑩好恶是非：指辨别善、恶、是、非。直（tè）：通"特"，仅、只

的意思。

⑪ 甒（wǔ）：通"忤"，"甒立"亦即倒立、违逆的意思。

⑫ 前"定"是动词，立定的意思；后"定"是名词，指定规、定理。

⑬ 彼：指代孔子。

纪老师说 ● ● ●

庄子对惠子说："孔子活了六十岁，而六十年来随年龄变化与日俱新，当初所肯定的，最终又作了否定，不知道现今所认为是对的而五十九岁时所认为是不对的。"惠子说："孔子勤于励志用心学习。"庄子说："孔子励志用心的精神已经大为减退，你不必再妄自评说。孔子说过：'禀受才智于自然，回复灵性以全生。'如今发出的声音合于乐律，说出的话语合于法度。如果将利与义同时陈列于人们的面前，进而分辨好恶与是非，这仅仅只能使人口服罢了。要使人们能够内心诚服，而且不敢有丝毫违逆，还得确立天下的定规。算了算了，我还比不上他呢！"

在《则阳》中，庄子曾说过："蘧伯玉行年六十而六十化，未尝不始于是之。"此处庄子又对孔子作了这样的评价，由此可见庄子的谦虚，也可以得知庄子能与时俱化。庄子虽然没有说"汤之盘铭曰：苟日新，又日新，日日新"。但庄子必然知道这句话的来源，也知道天地、万物每天每时每刻都在变化，因此不能固执己见，而应时时更替智慧。如果固执己见，不能时时更替智慧，就不能与时俱化，就会落后于时代的发展。

这一部分内容，我读到的是与时俱进的理念。

坂本龙马是日本明治维新时代的维新志士，维新运动活动家、思想家。有一次，坂本龙马对土佐勤王党成员桧垣直治说："今后在室内乱打乱斗的情况会多起来。我喜欢小太刀，小太刀灵活，比太刀实用（当时流行太刀）。"之后直治带了小太刀再见龙马，他却掏出来一柄手枪："这个比小太刀更具威力。"坂本龙马拜胜海舟为师后，直治带了枪再见坂本龙马，这次坂本龙马掏出的是一部《万国公法》（一本国际法方面的书）说："手枪只能杀伤敌人，此书可以振兴日本！"西乡隆盛曾对坂本龙马说："你前天所说的和今天所说的不一样，这样你怎么能取信于我呢。你作为天下名士必须有坚定的信念！"坂本说："不是这样的。孔子说过，君子从时。时间在推移，社会形势在天天变化。因此，顺应时代潮流才是君子之道！西乡，你一旦决定一件事之后，就想贯彻始终。但这么做，将来你会落后于时代的。"

你看看，一个日本人，一百多年以前都学到了孔子文化的精髓，懂得怎么样才能与时俱进，我们是不是更应该惊醒呢？

譬如从国家层面来说，中国作为一个古老的传统农业大国，若不顺应天时来耕作，若不合理地使用土地，一个社会就会失去生存的基本资源，也就失去了发展的基础。但在当下的时代，"时"更多的是指"时代潮流"，而"进"则强调了进取、进步、上进。这是针对中国作为一个人口众多的发展中国家的国际角色而言的。在弱肉强食的地球上，中国吃够了因在科技经济发展方面落后于其他国家所带来的苦头，因而需要竭力进取，力求先进。

原文

曾子再仕而心再化①，曰："吾及亲仕②，三釜而心乐③；后仕，三千钟而不洎④，吾心悲。"弟子问于仲尼曰："若参者，可谓无所县其罪乎⑤？"曰："既已县矣。夫无所县者，可以有哀乎？彼视三釜三千钟⑥，如观雀蚊虻相过乎前也⑦。"

注释

①曾子：曾参，孔子的弟子。再：第二次。

②及：趁，赶。

③釜：古代计量谷物的单位，合六斗四升。

④钟：古代计量谷物的单位，合六斛四斗。洎：通"及"。

⑤县：悬，悬念、牵挂的意思。罪：过错，这里指为爵禄所系拘。

⑥彼：泛指那些不为俸禄拘系的人。

⑦"雀"与"蚊虻"都是鸟类和能飞的昆虫中的细小者，飞过后更不会留下印迹，用来比喻瞬间即逝不会存留心中。

纪老师说

曾参第二次出来做官内心感情较前一次又有了变化，说："我当年做官双亲在世，三釜微薄的俸禄也令人感到快乐；自那以后再次做官,三千钟的丰厚俸禄也赶不上赡养双亲了,所以我心里很悲伤。"孔子的弟子问孔子:"像曾参这样至孝的人,可以说是没有牵挂俸禄的过错吧?"孔子说:"曾参的心思已经跟俸禄联系起来了。如果内心没有牵挂,会出现悲伤的感情吗?对待俸禄心无所系的人他们看待三釜乃至三千钟,就像是看待雀儿和蚊虻从眼前飞过一样。"

庄子例举这个故事非常巧妙,说孔子与时俱化,那么曾子也是与时俱化,但曾子之变化,却不是认同时代的进步,而是对时代进步的埋怨。当时十釜等于一钟,原三釜足够,现三万釜仍不够,虽然通货膨胀可能占了主要原因,但按照孔子所说,心无悬系,会埋怨时代变化吗?也就是说,与时俱化,并不是埋怨时代变化,而是跟着时代前进,用现在的心态对待现在,而不是用过去的心态对待现在。

袁隆平被称为"杂交水稻之父"。他以自己不懈的努力和才华,在古老的土地上创造了非凡的奇迹——目前在我国,有一半的稻田里播种着他培育的杂交水稻,每年收获的稻谷百分之六十源自他培育的杂交水稻种子。

1966年,经过两个春秋的艰苦试验,对水稻雄性不育株有了较多的感性认识后,袁隆平把获得的科学数据进行理性的分析整理,撰写出首篇重要论文——《水稻的雄性不孕性》,在中国科学院出版的权威杂志《科学通讯》第4期发表。这篇论文的发表,标志着在国内开启了杂交水稻研究的先河,这不仅是一个普通意义上的水稻育种课题的启动,而且开创了一个划时代的崭新的研究领域。

袁隆平从来没有停下研究的脚步,他说:"在我的有生之年,我还有两大心愿:一是把超级杂交稻研究成功,大面积应用于生产,这样21世纪谁来养活中国的问题就解决了;再一个是让杂交稻进一步由中国走

向世界，'发展杂交水稻，造福世界人民'。"

后来，袁隆平研究的双季超级稻年亩产达1537.78公斤，创下双季稻产量世界纪录，而且这次验收的项目是袁隆平科研团队培育的超级稻在全国38个百亩示范片中唯一一个双季稻科研攻关项目。

2016年，袁隆平开始研究"海水稻"，随着袁隆平院士领衔的青岛海水稻研究发展中心在李沧区的签约落户，标志着青岛的"盐碱地"也可变身"良田"。袁隆平院士表示，将在3年之内，研发出亩产300公斤的海水稻，2017年4月播种，秋天收获，让青岛市民秋天就可以品尝到海水稻。而袁隆平院士本人每年至少有3个月时间在青岛做海水稻研究。

袁隆平院士踏实做事，话语不多，但他顺应社会发展潮流，与时俱进的精神，永远值得我们称赞！

原文

颜成子游谓东郭子綦曰①："自吾闻子之言，一年而野②，二年而从③，三年而通④，四年而物⑤，五年而来⑥，六年而鬼入⑦，七年而天成⑧，八年而不知死、不知生，九年而大妙⑨。"

"生有为，死也⑩，劝公⑪。以其死也，有自也⑫；而生阳也⑬，无自也。而果然乎⑭？恶乎其所适？恶乎其所不适⑮？天有历数⑯，地有人据⑰，吾恶乎求之？莫知其所终，若之何其无命也？莫知其所始，若之何其有命也？有以相应也，若之何其无鬼邪？无以相应也，若之何其有鬼邪？"

注释

①颜成子游、东郭子綦：杜撰的人名。
②野：质朴。
③从：顺从。
④通：通达，不执滞。
⑤物：与物混同。
⑥来：自得。
⑦鬼入：神灵会应。
⑧天成：跟自然融会谐和。

⑨大妙：达到玄妙之境。

⑩从本句开始的这一自然段，应是东郭子綦的谈话。

⑪本句颇费解，前后也不能贯通，疑有脱讹。劝：劝勉，这里含有告诫的意思。公：平正。

⑫自：由，缘由，原因，下句同此解。

⑬生阳：生命感于阳气。

⑭而：你。然：这样，指代气聚则生、气散则死的认识。

⑮篇文认为，生不足乐，死不足哀，因此不存在何处适宜、何处不适宜的问题，顺应自然便能处处相宜。

⑯历（曆）数：日月星辰与寒暑节令的自然变化。

⑰人据：人们赖以生存的区域与寓所。

纪老师说

颜成子游跟着东郭子綦学习，说自己每年都有变化，一年之后就返归质朴，两年之后就顺从世俗，三年豁然贯通，四年与物混同，五年神情自得，六年灵会神悟，七年融于自然，八年就忘却生死，九年之后便达到了玄妙的境界。

东郭子綦说："生前驰逐外物恣意妄为，必然要走向死亡，劝诫人们事事求取平正。生命的终结，有它一定的原因；可是生命的产生却是感于阳气，并没有什么显明的迹象。你果真能够这样认识人的生与死吗？那么生与死何处算是适宜？又何处不算适宜呢？天有日月星辰和节气的变化，地有人们居住区域和寓所的划分，我又去那里追求什么呢？没有人能够真正懂得生命的归向与终了，怎么能说没有命运安排？没有人能够真正懂得生命的起始与形成，又怎么能说存在命运的安排？有时候可以跟外物形成相应的感召，怎么能说没有鬼神主使呢？有时候又不能跟外物形成相应的感召，又怎么能说是存在鬼神的驱遣呢？"

人生有为，就会被别人穷尽你的心思动机，穷尽你的行为，如果无为，那么别人就无法穷尽你的心思动机，无法穷尽你的行为。所以，要有为，只能从私有的角度，而不能从公的角度。但不论从公、从私的角度，怎么样才能有所得？怎么样才能是有所不得？到底想索取什么呢？不知道生死，怎么能断定其命运呢？不知道有无的感应，怎么能断定鬼神的有无呢？按照庄子的思维，如果有为，这些问题都不能解决，而只有无为，就不用解决这些问题了。

颜成子游是跟着人学习的变化，而不是跟着时代的变化而变化。虽然这种变化也是好事，但不一定符合时代的变化。社会在不断发展，观念在不断更新，需求也在发生着不同程度的变化。在不同的社会背景下，法律和道德等准则会有所不同，这个时期这样做可能是对的，而同样的做法放在另一个时期就是错的，甚至是违法的。那么，个人也要随着变化着的社会而不断调整。

原文

众罔两问于景曰①："若向也俯而今也仰②，向也括而今也被发③，向也坐而今也起，向也行而今也止，何也？"景曰："搜搜也④，奚稍问也⑤！予有而不知其所以⑥。予，蜩甲也⑦，蛇蜕也，似之而非也。火与日，吾屯也⑧；阴与夜，吾代也⑨。彼吾所以有待邪⑩？而况乎以无有待者乎⑪！彼来则我与之来，彼往则我与之往，彼强阳则我与之强阳⑫。强阳者又何以有问乎！"

注释

①罔两：影外微阴。景（yǐng）：影。

②若：你。

③括：指括发，即束成发髻。被（pī）通"披"。

④搜搜：亦作"叟叟"，无心运动的样子。

⑤稍：小。"奚稍问"即有何可问。

⑥有（wéi）：通"为"。

⑦蜩甲：寒蝉蜕下的皮。

⑧屯：聚。

⑨代：替代，含有隐息的意思。

⑩彼：指代有形之物。待：依待，凭借。

⑪无有待者：无所依待的事物，实指天道。

⑫强阳：亦即倘佯，徘徊不定、自然地运动的意思。

纪老师说 ●●●

影外的微阴向影子问道："你先前低着头现在仰起头，先前束着发髻现在披着头发，先前坐着现在站起，先前行走现在停下来，这是什么原因呢？"影子回答："我就是这样地随意运动，有什么可问的呢？我如此行止自己也不知道为什么会是这样。我，就如同寒蝉蜕下来的壳、蛇蜕下来的皮，跟那本体事物的相似却又不是那事物本身。火与阳光，使我聚合而显明；阴与黑夜，使我得以隐息。可是有形的物体真就是我赖以存在的凭借吗？何况是没有任何依靠的事物呢！有形的物体到来我便随之到来，有形的物体离去我也随之离去，有形的物体徘徊不定我就随之不停地运动。变化不定的事物有什么可问的呢？"

众多影外之影问影子的问题，就像是很多人问人为什么生活在这个世界上的问题一样，人为什么生活在这个世界上呢？你问我，我问他，谁都答不出来。有了阳光，有了黑夜，人就如同其他万物一样，就自然而然地生存下来了。人生存在这个大地上，并不是为了改造天地而来的，也不是为了灭绝其他万物而来的，既然生存下来了，就要生存下去，如此而已。既然还要生存下去，我们就应该想办法生存得好一点。所以，认识天地的道路，认识万物的道路，找到人类的、自己的人生道路，就是我们现有的责任。

人生路上，有很多时候不是你寂寞了就会有人陪你，也不是你跌倒了就会有人伸手相扶，在你遇到困难的时候也许身边不会有人帮你，可能还有很多人落井下石，所以我们不要把自己的希望寄托在别人身上，

也不要指望他人出手相助，自己的事自己去做，只要努力了，不要计较结果，在哪里跌倒在哪里自己爬起来，自己心中那片落叶也要靠自己去捡拾，只有自己强大了，身边才会有人，自己坚强了，才会有人佩服，总之一句话：自己的路要靠自己去闯，自己的人生需要自己去描绘。

我祝福每个人，都能背起行囊上路，载着希望前行，走自己的人生之路，直到看见黎明的曙光。

原文

　　阳子居南之沛①,老聃西游于秦②,邀于郊③,至于梁而遇老子④。老子中道仰天而叹曰:"始以汝为可教,今不可也。"阳子居不答。至舍⑤,进盥漱巾栉⑥,脱屦户外⑦,膝行而前曰:"向者弟子欲请夫子,夫子行不闲⑧,是以不敢。今闲矣,请问其过。"老子曰:"而睢睢盱盱⑨,而谁与居?大白若辱⑩,盛德若不足。"阳子居蹴然变容曰⑪:"敬闻命矣!"其往也⑫,舍者迎将⑬。其家公执席⑭,妻执巾栉⑮,舍者避席,炀者避灶⑯。其反也,舍者与之争席矣。

注释

①阳子居:人名,即阳朱。

②秦:指今陕西一带。

③邀:遇,半路上迎住。

④梁:地名,今河南开封一带。老子:即前句之老聃。

⑤舍:馆舍,旅店。

⑥盥(guàn):洗手。栉(zhì):梳篦。

⑦屦:麻鞋。

⑧行不闲:旅行途中无有空闲。

⑨而:你,下句同。睢睢(suī)盱盱(xū):抬头张目,傲视于人

的样子。

⑩辱：污垢。

⑪蹴然：即戚然，羞惭不安的样子。

⑫其：指代阳子居。

⑬舍者：住店的旅客。将：送。

⑭公：指旅店的男主人。执席：亲自安排坐席。

⑮妻：指旅店的女主人。执巾栉：亲手拿着毛巾、梳子服侍他盥洗。

⑯炀：用火烘干，这里引申讲作烤火。

纪老师说

阳子居往南到沛地去，正巧老聃到西边的秦地闲游，阳子居估计将在沛地的郊野遇上老聃，可是到了梁城方才见上面。老子在半路上仰天长叹说："当初我把你看作是可以教诲的人，如今看来你是不可受教的。"阳子居一句话也没说。到了旅店，阳子居把鞋子脱在门外，双脚跪着上前说道："刚才弟子正想请教先生，正赶上先生旅途中没有空闲，所以不敢冒然启齿。如今先生闲暇下来，恳请先生指出我的过错。"老聃说："你仰头张目傲慢跋扈，你还能够跟谁相处？过于洁白的好像总会觉得有什么污垢，德行最为高尚的好像总会觉得有什么不足之处。"阳子居听了脸色大变羞惭不安地说："弟子由衷地接受先生的教导。"阳子居刚来旅店的时候，店里的客人都得迎来送往，那个旅舍的男主人亲自为他安排坐席，女主人亲手拿着毛巾梳子侍候他盥洗，旅客们见了他都得让出座位，烤火的人见了也就远离火边。等到他离开旅店的时候，旅店的客人已经跟他无拘无束争席而坐了。

人为什么生存在这个世上都不知道,这个阳子居骄傲什么呢?

好在阳子居听说这句话后,立刻明白了自己的渺小,所以他也就改变了自己的态度,在离开旅舍时与众人都混得很熟而不分彼此了。

虚怀若谷的人,不会被头上各色各样的光环所蒙蔽。他清楚自己的长处与弱点,失败与成就。他能虚心接受不同的意见,更能以宽广的胸怀接受他人的批评,甚至为批评自己的人鼓掌。

苏格拉底曾说,我只知道一件事,那就是我的一无所知。多么谦卑,至理名言,一个影响了西方文化二千四百年的哲学大师最后却承认自己的无知。在这个世上,苏格拉底是伟大的,他摆脱了人类文化意识的束缚,摆脱自我意识的约束,看到了自然生命的无限,所以只好承认自己的无知。他有这样的认识,认识到了人类在自然生命体的渺小,也认识到了自己的渺小。苏格拉底有这样的认识,所以他是伟大的。于是,我们也对人的伟大找到一个好的答案:人的伟大在于认识自己的渺小。

让 王

原文

尧以天下让许由①，许由不受。又让于子州支父②，子州支父曰："以我为天子，犹之可也。虽然，我适有幽忧之病③，方且治之，未暇治天下也。"夫天下至重也，而不以害其生④，又况他物乎！唯无以天下为者⑤，可以托天下也。

舜让天下于子州支伯⑥。子州支伯曰："予适有幽忧之病，方且治之，未暇治天下也。"故天下大器也⑦，而不以易生⑧，此有道者之所以异乎俗者也。

舜以天下让善卷⑨，善卷曰："余立于宇宙之中，冬日衣皮毛⑩，夏日衣葛絺⑪；春耕种，形足以劳动；秋收敛，身足以休食；日出而作，日入而息，逍遥于天地之间而心意自得。吾何以天下为哉⑫！悲夫，子之不知余也！"遂不受。于是去而入深山，莫知其处⑬。

舜以天下让其友石户之农⑭，石户之农曰："捲捲乎后之为人⑮，葆力之士也⑯！"以舜之德为未至也，于是夫负妻戴⑰，携子以入于海，终身不反也。

注释

①许由：传说中唐尧时代的隐士，不受禅让。

②子州支父：传说中唐尧时代的又一隐士，姓子名州，支父为字。

③幽：深。

④不以害其生：不因为治理天下损害自己的生命。

⑤无以天下为：无所作为于天下，即对于天下之事顺任无为。

⑥子州支伯：亦即子州支父。

⑦大器：最为贵重的器物。

⑧不以易生：不用统治天下这一最为贵重的器物来换取生命。

⑨善卷：传说中又一古代隐士，姓善名卷。

⑩衣：用作动词，"衣皮毛"即穿皮毛之服。

⑪葛：植物名，茎皮纤维很长，可以用来织布。绤（chī）：细葛布。

⑫何以天下为：即"何以为天下"，为什么还要去治理天下。

⑬处：处所。

⑭石户：杜撰的地名。

⑮捲捲（quán）：用力的样子。后：君后，这里是指称舜。

⑯葆：亦作"保"。

⑰戴：用头顶负着物品。

纪老师说

尧把天下让给许由，许由不接受。又让给子州支父，子州支父说，我有空得治病，没有空治天下。舜让天下给子州支伯，子州支伯说，我也得治病，没空治天下。这几个人认为，忘却天下而无所作为的人，方才可以把统治天下的重任托付给他，这几个人都是有道之人，对待天下跟世俗大不一样。

舜把天下让给善卷，善卷说，我喜欢安于自然，无拘无束，不干！

舜再把天下让给石户地方的一位农夫,这位石户的农夫说,做君主太累,俺也不干。于是,善卷和石户的农夫都玩起了躲猫猫,再也找不到了。

治理天下,真的是件好差事吗?这个问题放到现代,人们都会回答说这是件好差事。你不看那些所谓的民主国家,都在拼命竞选吗?若不是好差事,谁还竞选?其实,做一个统治者,真的不一定是好差事,首先是身不由己,其次是万事操心,最后还要勾心斗角。要从享乐的角度说,恐怕比不上一个大商人。所以中国古代的人都不愿意承担这个角色,因为人生是应该享受的,而不应该是承担大责任的。

1952年11月9日,以色列首任总统魏茨曼逝世。在此前一天,就向爱因斯坦转达了以色列总理本·古里安的信,正式提请爱因斯坦为以色列共和国总统候选人。当日晚,一位记者给爱因斯坦的住所打来电话,询问爱因斯坦:"听说要请您出任以色列共和国总统,教授先生,您会接受吗?""不会。我当不了总统。"

爱因斯坦刚放下电话,电话铃又响了。这次是驻华盛顿的以色列大使打来的。大使说:"教授先生,我是奉以色列共和国总理本·古里安的指示,想请问一下,如果提名您当总统候选人,您愿意接受吗?""大使先生,关于自然,我了解一点,关于人,我几乎一点也不了解。我这样的人,怎么能担任总统呢?"

大使进一步劝说:"教授先生,已故总统魏茨曼也是教授呢。您能胜任的。""魏茨曼和我不是一样的。他能胜任,我不能。""教授先生,每一个以色列公民,全世界每一个犹太人,都在期待您呢!"

不久,爱因斯坦在报上发表声明,正式谢绝出任以色列总统。在爱因斯坦看来,"当总统可不是一件容易的事。"同时,他还再次引用他自己的话:"方程对我更重要些,因为政治是为当前,而方程却是一种永恒的东西。"

　　许由、子州支父、善卷等人不愿接受禅让的故事,明确阐述了重视生命的思想,天下固然"至重",但却不能以此害生,因为世上还有更重要的东西。就像爱因斯坦拒绝做总统一样,他享受的是永恒的方程带给他的快乐。

纪连海谈 庄子

原文

　　大王亶父居邠①，狄人攻之②；事之以皮帛而不受③，事之以犬马而不受，事之以珠玉而不受，狄人之所求者土地也。大王亶父曰："与人之兄居而却杀其弟，与人之父居而杀其子，吾不忍也。子皆勉居矣④！为吾臣与为狄人臣奚以异！且吾闻之，不以所用养害所养⑤。"因杖而去之⑥。民相连而从之⑦，遂成国于岐山之下⑧。夫大王亶父，可望能尊生矣⑨。能尊生者，虽贵富不以养伤身，虽贫贱不以利累形⑩。今世之人居高官尊爵者，皆重失之⑪，见利轻亡其身，岂不惑者！

　　越人三世弑其君，王子搜患之⑫，逃乎丹穴⑬。而越国无君，求王之搜不得，从之丹穴⑭。王子搜不肯出，越人薰之以艾⑮。乘以王舆⑯。王子搜援绥登车⑰，仰天而呼曰："君乎君乎！独不可以舍我乎！"王子搜非恶为君也，恶为君之患也。若王子搜者，可谓不以国伤生矣，此固越人之所欲得为君也。

注释

　　①大王亶父：周文王的祖父，始迁岐山，发展农耕，奠定了周王朝的基业。邠：古地名，今陕西省境内。

　　②狄：古代西北的一个部族，先秦的典籍上常又称作"玁狁"。

③事：奉，敬献；以下同此解。

④勉居：勉力居处，这里指跟狄人共同努力居住在一起。

⑤用：以。

⑥杖：用作动词，即拄杖。

⑦相连：相连续。

⑧国：城邑，国都。岐山：地名，今陕西岐山县。

⑨尊生：尊崇生命，看重生命。

⑩累形：使身体受到拘累与伤害。

⑪重失之：看重失去高官尊爵，言外之意甚担心失去高官尊爵。

⑫搜：越王子之名，即无颛。据史载，翳被他的儿子所杀，越人又杀掉翳的儿子另立无余，后无余文被杀而立无颛，故有"三弑其君"的话。

⑬乎：于，至。丹穴：洞穴名，旧注南山洞。

⑭从：尾随，追踪；这个意义后代写作"蹤"，又统于"踪"。

⑮薰之以艾：即以艾薰之，燃烧女草薰山洞。

⑯乘以王舆：用国王乘坐的车辆让王子乘坐。

⑰援：引，拉着。绥：登车时供人扶着上车的绳索。

纪老师说 ●●●

　　大王亶父居住在邠地，狄人常来侵扰，他们不要兽皮和布帛，不要猎犬和宝马，不要珠宝和玉器，他们想得到邠地的土地。古公亶父不愿民众大量丧生，于是迁出邠地。能够珍视生命的人，即使富贵也不会贪恋俸养而伤害身体，即使贫贱同样也不会追逐私利而拘累形躯。他认为，不必为了养活人的土地而危害所养活的人民。当时地广人稀，许多

纪连海谈 庄子

土地都是荒废的，所以让一点无所谓，但在人口爆炸的当今，当然是不可能之事。但在当时却是可以的。就像如今村里邻居之间让出两分地一样。

越人先后三代杀掉自己的国君，王子搜十分忧患，逃到荒山野洞里去了。越国人点燃艾草用烟薰他出来，非得让他做国君，但他认为做了国君会招来杀身祸患。

"普天之下，莫非王土，率土之滨，莫非王臣"。皇帝富有四海，拥有至高无上的权力。即便如此，皇帝也不是为所欲为，想怎么着就怎么着的，他们也有不自由的时候。

有一次，唐太宗想要去秦岭山中打猎取乐，行装都已准备停当，但却迟迟未能成行。后来，魏徵问及此事，唐太宗笑着答道："当初确有这个想法，但害怕你又要直言进谏，所以很快打消了这个念头。"有魏徵这样一位敢于犯颜直谏的老臣在身边，李世民当然难得自由了。还有一次唐太宗得到了一只上好的鹞鹰，兴味十足地把它放在自己的肩膀上，逗着玩，很是得意。但当他看见魏徵远远地向他走来时，唐太宗一时着急，便赶紧把它藏在怀中。其实，魏徵早把一切看在眼里，却故作不知，走上前去，滔滔不绝地讲起了古代帝王追求安逸之事，旁敲侧击帝王不可玩物丧志。唐太宗担心时间长了，鹞鹰闷死。但是，魏徵说个没完没了，唐太宗自知理亏，不敢打断。结果，鹞鹰还是闷死在怀中。贵为一国之君的李世民，竟然也没有玩鹰的自由。

庄子的观点就是，做国君不是什么好事，还不如自我享受人生更美好。

原文

　　韩魏相与争侵地。子华子见昭僖侯①，昭僖侯有忧色。子华子曰："今使天下书铭于君之前②，书之言曰：'左手攫之则右手废③，右手攫之则左手废，然而攫之者必有天下。'君能攫之乎④？"昭僖侯曰："寡人不攫也。"子华子曰："甚善！自是观之，两臂重于天下也，身亦重于两臂。韩之轻于天下亦远矣，今之所争者，其轻于韩又远。君固愁身伤生以忧戚不得也⑤！"僖侯曰："善哉！教寡人者众矣，未尝得闻此言也。子华子可谓知轻重矣。"

　　鲁君闻颜阖得道之人也⑥，使人以币先焉⑦。颜阖守陋闾⑧，苴布之衣而自饭牛⑨。鲁君之使者至，颜阖自对之⑩。使者曰："此颜阖之家与？"颜阖对曰："此阖之家也。"使者致币，颜阖对曰："恐听者谬而遗使者罪⑪，不若审之⑫。"使者还，反审之，复来求之，则不得已⑬。故若颜阖者，真恶富贵也。

　　故曰，道之真以治身⑭，其绪余以为国家⑮，其土苴以治天下⑯。由此观之，帝王之功，圣人之余事也，非所以完身养生也⑰。今世俗之君子，多危身弃生以殉物⑱，岂不悲哉！凡圣人之动作也，必察其所以之与其所以为⑲。今且有人于此⑳，以随侯之珠弹千仞之雀㉑，世必笑之，是何也？则其所用者重而所要者轻也㉒。夫生者，岂特随侯之重哉㉓！

纪连海谈 庄子

注释

①华子：魏国的贤人。

②书：书写。铭：铭记。

③攫（jué）：抓取；下同此解。废：废弃，这里是砍断的意思。

④有的版本"君"字之下没有"能"字。

⑤不得：指所争夺的边界土地。

⑥鲁君：鲁哀公。颜阖：鲁国的隐士。

⑦币：布帛，这里泛指聘礼。先：用作动词。

⑧守：居住。陋闾（lǘ）：狭窄的巷子。

⑨苴（jū）布：粗麻布。饭：饲养。

⑩对：应答，这里是接待的意思。

⑪遗：留给、带来。

⑫审：详细地查明。

⑬不得已：是说已经找不到颜阖了。

⑭真：真谛，原质。治身：修身。

⑮绪余：剩余。为国家：治理国家。

⑯土：泥土，粪土。苴：草芥。

⑰生：通"性"，"完身养生"是说保全身形修养心性。

⑱生：见前注。殉：追逐。

⑲之：往，这里含有趋赴、追逐的意思。

⑳于：在。

㉑随侯之珠：古代传说中的名珠之一。千仞之雀：飞得很高很高的麻雀。

㉒要（yāo）：求。

㉓特：仅只。随侯：即随侯之珠。

纪老师说

韩国和魏国争夺土地。子华子拜见昭僖侯说，你小子真是想不开啊，你说说给你块边界上的弹丸之地，换取你的手臂行不行？昭僖侯不干，还说子华子说得有道理。鲁国国君听说颜阖是一个得道的人，派出使者先行送去聘礼表达敬慕之意。颜阖居住在极为狭窄的巷子里，穿着粗麻布衣而且亲自喂牛。鲁君的使者来到颜阖家，颜阖亲自接待了他。使者问："这里是颜阖的家吗？"颜阖回答："这里就是颜阖的家。"使者送上礼物，颜阖巧妙地说："恐怕听话的人听错了而给使者带来过失，不如回去再仔细问个明白。"使者返回，查问清楚了，再次来找颜阖，却再也找不到了。

所以，庄子认为，大道的真谛可以用来养身，大道的剩余可以用来治理国家，而大道的糟粕才用来统治天下。由此观之，帝王的功业，不是可以用来保全身形、修养心性的。世俗所说的君子，大多危害身体、弃置禀性而一味地追逐身外之物，是很可悲的。就像用珍贵的随侯之珠去弹打飞得很高很高的麻雀，让人笑话。至于生命，自然比什么随侯之珠重要得多了。

韩魏相与争侵地的故事，又一次说明身体比地位重要，伤害身体而得到地位，是谁都不愿意的。颜阖是个得道的人，懂得人生的意义。人活着，利用物而享受，并不是为了物而牺牲自己。如果某一种物难以追求，为了它要牺牲很多，那么不追求就是了，换一种无须牺牲自己的物岂不是更好吗？所以，坚持自己人生道路的人，必然也能懂得所谓的目标和之所以这样做的原因。

纪连海谈 庄子

　　当今社会，别提做什么皇帝，连这个想法都是可笑的。而即便能做上个县长，都是多少万人中才出现一个。当官真的好吗？那也不一定，当官有当官的烦恼，有当官的身不由己，不一定对所有人的胃口。古人不是有很多坚持做自己喜欢的事，而鄙弃为官者的吗？

　　陶渊明辞弃官职，居住在一个宁静的村庄，因此有了"采菊东篱下，悠然见南山"的独立人格；周敦颐拒绝官场腐败，才有了"出淤泥而不染"的洁身自好；王冕淡泊名利，留下了"不要人夸好颜色，只留清气满乾坤"的佳话。他们都学会了拒绝名利与金钱的诱惑，因此流芳千古。

　　虽然，我们不赞成这种逃避现实的做法，都提倡积极入世，可在自己的精神世界里活得身心愉悦，又何尝不是一种快乐的人生呢？

原文

子列子穷①,容貌有饥色。客有言之于郑子阳者曰②:"列御寇,盖有道之士也,居君之国而穷,君无乃为不好士乎?"郑子阳即令官遗之粟③。子列子见使者,再拜而辞。

使者去,子列子入,其妻望之而拊心曰④:"妾闻为有道者之妻子,皆得佚乐⑤,今有饥色。君过而遗先生食⑥,先生不受,岂不命邪!"子列子笑谓之曰:"君非自知我也。以人之言而遗我粟,至其罪我也又且以人之言⑦,此吾所以不受也。"其卒,民果作难而杀子阳。

注释

①列子:列御寇。

②子阳:人名,为郑国的相,敢称作郑子阳。

③遗(wèi):赠给。

④望:埋怨。拊:拍;"拊心"即拍着胸脯。

⑤佚(yì):通"逸","佚乐"亦即逸乐。

⑥过:责备,指子阳自责。

⑦罪:用作动词,"罪我"即加罪于我。且:必将。

纪连海谈 庄子

纪老师说

列子生活贫困,面容常有饥色。有人对郑国的上卿子阳说起这件事:"列御寇是一位有道的人,居住在你治理的国家却是如此贫困,你恐怕不喜欢贤达的士人吧?"子阳立即派官吏送给列子米粟。列子见到派来的官吏,再三辞谢不接受子阳的赐予。

官吏离去后,列子进到屋里,列子的妻子埋怨他并且拍着胸脯伤心地说:"我听说作为有道的人的妻子儿女,都能够享尽逸乐,可是如今我们却面有饥色。郑相子阳瞧得起先生方才会把食物赠送给先生,可是先生却拒不接受,这难道不是命里注定要忍饥挨饿吗!"列子笑着对她说:"郑相子阳并不是亲自了解了我。他因为别人的谈论而派人赠与我米粟,等到他想加罪于我时必定仍会凭借别人的谈论,这就是我不愿接他赠予的原因。"后来,百姓果真发难而杀死了子阳。

郑子阳是郑国的宰相,从他处理这件事情上看,就不是个合格的宰相。既然知道了域内有人才,就要去拜访或者是召见,他却派人送点粮食就了事,这叫喜好人才吗?而列子是聪明人,是一个能坚持自己人生道路的人,并不会因为宰相派人送东西而兴高采烈手舞足蹈。他认为,一个统治者能轻信别人的话而送东西,那么他也能轻信别人的话而加罪于人。这种轻信别人的人就是不能坚持自己道路的人。

春秋时期,晋国想吞并邻近的两个小国:虞和虢,这两个国家之间关系不错。晋如袭虞,虢会出兵救援;晋若攻虢,虞也会出兵相助。大臣荀息向晋献公献上一计。他说,要想攻占这两个国家,必须要离间他们,使他们互不支持。虞国的国君贪得无厌,我们正可以投其所好。他建议晋献公拿出心爱的两件宝物,屈产良马和垂棘之璧,送给虞公。献公哪里舍得。荀息说:大王放心,只不过让他暂时保管罢了,等灭了虞国，一切不都又回到你的手中了吗？献公依计而行。虞公得到良马美璧，高兴得嘴都合不拢。

晋国故意在晋、虢边境制造事端，找到了伐虢的借口。晋国要求虞国借道让晋国伐虢，虞公得了晋国的好处，只得答应。虞国大臣宫子奇再三劝说虞公，这件事办不得的。虞虢两国，唇齿相依，虢国一亡，唇亡齿寒，晋国是不会放过虞国的。虞公却说，交一个弱朋友去得罪一个强有力的朋友，那才是傻瓜哩！

晋大军通过虞国道路，攻打虢国，很快就取得了胜利。班师回国时，把劫夺的财产分了许多给虞公。虞公更是大喜过望。晋军大将里克这时装病，称不能带兵回国，暂时把部队驻扎在虞国京城附近。虞公毫不怀疑。几天之后，晋献公亲率大军前去，虞公出城相迎。献公约虞公前去打猎。不一会儿，只见京城中起火。虞公赶到城外时，京城已被晋军里应外合强占了。就这样，晋国又轻而易举地灭了虞国。

虞国国君轻信晋国的话，又贪图宝物之美，不相信大臣宫子奇的谏言，轻易舍弃与虢国的约定，放晋军过境。岂不知晋国暗藏祸心，成了千古笑柄。

纪连海谈

原文

楚昭王失国①，屠羊说走而从于昭王②。昭王反国③，将赏从者，及屠羊说④。屠羊说曰："大王失国，说失屠羊；大王反国，说亦反屠羊。臣之爵禄已复矣⑤，又何赏之有！"王曰："强之⑥！"屠羊说曰："大王失国，非臣之罪，故不敢伏其诛⑦；大王反国，非臣之功，故不敢当其赏⑧。"王曰："见之⑨！"屠羊说曰："楚国之法，必有重赏大功而后得见，今臣之知不足以存国而勇不足以死寇⑩。吴军入郢⑪，说畏难而避寇，非故随大王也⑫。今大王欲废法毁约而见说，此非臣之所以闻于天下也。"

王谓司马子綦曰⑬："屠羊说居处卑贱而陈义甚高⑭，子綦为我延之以三旌之位⑮。"屠羊说曰："夫三旌之位，吾知其贵于屠羊之肆也⑯；万钟之禄⑰，吾知其富于屠羊之利也；然岂可以贪爵禄而使吾君有妄施之名乎！说不敢当，愿复反吾屠羊之肆。"遂不受也。

注释

①楚昭王的父亲楚平王杀了伍奢，其子伍员投奔到吴，后请得吴兵伐楚，破楚郢都，昭王仓皇出逃。

②屠羊说（yuè）：人名，名叫说，因从事屠宰羊牲而称作屠羊说。走：逃亡。

③反：返；以下同此解。

④及：至，赏赐到。

⑤爵禄：这里实指从业之所得。

⑥强之：强令屠羊说接受赏赐。

⑦不敢伏其法：不该伏法受诛，这是跟随昭王逃亡在外的一种婉转的说法。

⑧当：承当，接受。

⑨见之：接见他。

⑩知：智。存国：使楚国得到保存。死寇：使敌寇受到歼灭。

⑪郢：楚国的都城。

⑫故随大王：有意追随大王。

⑬子綦：人名，因居司马之职故称司马子綦。

⑭陈义：陈述的道理。

⑮延：请。三旌即"三珪"，古代公卿皆执珪，"三旌之位"亦即三卿之位。

⑯肆：集市，作坊。下同此解。

⑰钟：古代计量谷物的单位，合六斛四斗。

纪老师说

楚昭王丧失了国土，屠羊说跟随他在外逃亡。昭王返回楚国，打算赏赐跟随他逃亡的人，赏赐到屠羊说，屠羊说说："当年大王丧失了国土，我也失去了屠宰羊牲的职业；大王返归楚国，我也就得以重操旧业。我从业的报酬已经得到恢复，又何必赏赐什么！"昭王说："强令接受奖赏！"屠羊说说："大王失去楚国，不是为臣的过失，所以我不

愿坐以待毙伏法受诛;大王返归楚国,也不是为臣的功劳,所以我也不该接受赏赐。"楚昭王说:"那么我就接见他!"屠羊说又说:"按照楚国的法令,必定有大功的人重赏后方才能够得到接见的礼遇,现在我的才智不足以使国家得到保全而勇力又不足以使敌寇受到歼灭。吴军攻入郢都,我畏惧危难而躲避敌寇,并不是有心追随大王在外逃亡。如今大王意欲弃置法令和制度来接见我,这不是我所希望传闻天下的办法。"

楚昭王对司马子綦说:"屠羊说身处卑贱而陈述的道理却很深刻,你还是替我用三卿之位来请他。"屠羊说知道后说:"三卿的高位,我知道比起屠宰羊牲的作坊实在是高贵得多;优厚的俸禄,我也知道比起屠宰羊牲的报酬实在是丰厚得多;然而,怎么可以贪图高官厚禄而使国君蒙受胡乱施舍的坏名声呢!我不敢接受公卿之位,一心想回到屠宰羊牲的作坊。"于是拒不接受封赏。

屠羊说是一个能坚持自己人生道路的人,自己的人生道路该怎样走?屠羊说有自己的规划,也有自己的坚持,所以面对财富他不动心,面对爵位也不动心,只坚持走自己的人生道路。这种人其实是最幸福的人。

相传大禹的臣子仪狄发明了酿酒,在当时酒可是新鲜东西,做臣子的当然第一个就要奉献给王上,于是他就把酒拿给大禹喝了。大禹品尝过后,感觉很好,十分高兴。可是大禹立即意识到酒对人的巨大诱惑力将不利于国家的统治,于是他什么都没说,从此以后不仅自己不再饮酒,也禁止他人饮酒。而且还在政治上提出了"后世必有以酒亡其国者"的预见。后来夏商君主桀、纣被后人视为以酒亡国的典型。

大禹自己能够正确地判断,坚持自己的观点,不受外来事物的诱惑,这跟屠羊说的坚持不受是一个道理,所以,大禹才成为人们口口相传的贤者。

原文

原宪居鲁①,环堵之室②,茨以生草③;蓬户不完④,桑以为枢⑤;而瓮牖二室⑥,褐以为塞⑦;上漏下湿,匡坐而弦⑧。子贡乘大马⑨,中绀而表素⑩,轩车不容巷⑪,往见原宪。原宪华冠縰履⑫,杖藜而应门⑬。子贡曰:"嘻!先生何病?"原宪应之曰:"宪闻之,无财谓之贫,学而不能行谓之病。今宪贫也,非病也。"子贡逡巡而有愧色⑭。原宪笑曰:"夫希世而行⑮,比周而友⑯,学以为人,教以为己,仁义之慝⑰,舆马之饰,宪不忍为也。"

曾子居卫⑱,缊袍无表⑲,颜色肿哙⑳,手足胼胝㉑。三日不举火,十年不制衣,正冠而缨绝㉒,捉衿而肘见㉓,纳屦而踵决㉔。曳𫄨而歌商颂㉕,声满天地,若出金石。天子不得臣㉖,诸侯不得友。故养志者忘形,养形者忘利,致道者忘心矣㉗。

孔子谓颜回曰㉘:"回,来!家贫居卑,胡不仕乎㉙?"颜回对曰:"不愿仕。回有郭外之田五十亩㉚,足以给飦粥㉛;郭内之田四十亩,足以为丝麻;鼓琴足以自娱,所学夫子之道者足以自乐也。回不愿仕。"孔子愀然变容曰㉜:"善哉,回之意!丘闻之:'知足者不以利自累也,审自得者失之而不惧㉝;行修于内者无位而不怍㉞。'丘诵之久矣,今于回而后见之,是丘之得也。"

注释

①原宪：孔子的弟子，姓原名思，字宪。

②堵：约一平方丈。

③茨（cí）：用草盖屋。生草：还未晒干的草。

④蓬：草。户：门。

⑤枢：门轴。

⑥牖（yǒu）：窗。

⑦褐：粗布衣。

⑧匡：正。弦：这里是弹琴唱歌的意思。

⑨子贡：孔子的弟子，名赐。

⑩绀（gàn）：深青而又带红的颜色。素：白色。

⑪轩车：古代贵族所乘坐的华贵的马车，这里泛指高大华贵的车辆。不容巷：不能容纳于陋巷。

⑫华冠：裂开口子的帽子。縰履：露出后跟的鞋子。

⑬杖：用作动词，拄杖的意思。藜：草本植物，茎可做杖。

⑭逡巡：退却的样子。

⑮希：望；"希世"即趋时，赶浪潮，迎合世俗的意思。

⑯比：比附，亲近。周：周旋。

⑰慝（tè）：奸恶。

⑱曾子：曾参，孔子的弟子。

⑲缊（yùn）袍：用乱麻做絮里的袍子。无表：指袍子的表层已经破烂不堪。

⑳颜色：面颜、脸色。

㉑胼（pián）胝（zhī）：手脚上磨出的老茧。

㉒缨：帽带子。绝：断。

㉓衿：衣襟。见：现，露出。

㉔屦：麻鞋；"纳屦"亦即穿鞋。踵：脚后跟，这里指鞋的后跟处。

㉕曳縰（xǐ）：拖着破鞋。

㉖不得臣：不能以之为臣。

㉗致道者：得道的人。

㉘颜回：孔子的学生，字子渊。

㉙仕：做官。

㉚郭：外城。

㉛给：供给。飦（zhān）：干饼。

㉜愀（qiǎo）然：有所感动而改变面容的样子。

㉝审：用为副词，真正、的确的意思。

㉞位：爵；"无位"指没有官职。怍（zuò）：惭愧。

纪老师说

原宪家居方丈小屋，盖着新割茅草；蓬草编门四处透亮，桑条作为门轴，破瓮做窗隔，粗布衣堵在破瓮口上；屋子上漏下湿，而原宪却端端正正地坐着弹琴唱卡拉OK。他是走自己人生道路的人，他不愿意仰望世俗的好恶而作为，也不愿意结党营私，他的学习是为了让自己过得更快乐，而不是为了炫耀于人，他教育别人不是为了自己，而是为了帮助别人，他行为于仁义是因为他有一颗大慈悲心，而不是为了掩饰邪恶的行为，所以他决不会像子贡那样装饰车马以夸耀自己的富有，所以他的心态是快乐的。有快乐的心态，与有财富夸耀但心里不快乐相比，原宪情愿选

择快乐的心态，而不选择有财富但心里不快乐。

曾子就像个叫花子，用乱麻作为絮里的袍子已经破破烂烂，满脸浮肿，手和脚都磨出了厚厚的老茧。他正一正帽子帽带就会断掉，提一提衣襟臂肘就会外露，穿一穿鞋子鞋后跟就会裂开。但他吟咏《商颂》声震天地，专心致力于自己的人生道路，从而忘记了吃饭穿衣，忘记了功名利禄，甚至于忘记了自己的形体，他还有什么不快乐的呢？

颜回家境贫寒居处卑微，却无心做官，因为他有地供给食粮，有地种麻养蚕，拨动琴弦足以使自己欢娱，学习孔子教给的道理足以快乐。孔子听了都感动得一把鼻涕一把眼泪地说，他这是不受拘累，不会畏缩焦虑，不会惭愧的人，认识颜回是我的收获啊！

庄子认为，以上几个人都是树立了自己的信念、观念，走上了自己的人生道路，还去关心什么贫困、做官的问题呢？知足的人，不以利禄自累；财富多多，其实也就是用来炫耀。审视自得的人，损失而不忧惧；占有必然也就会有损失，不占有也就不会有损失。进行内心修养的人，没有官位而不惭愧。做官是为了什么？服务于人，官位越高，职责也就越大。就算当官荣耀，但责任会使人内心忧患不快乐，所以，走自己的人生道路，才是最幸福的。

当然，我们对追求功名的人不应武断地持否定态度，而要看其动机。如果是一味地想做官、想留名，那就不值得提倡了；可若是秉持着"了却君王天下事，赢得生前身后名"的态度，那就完全不同于前者了。人活在世上，就是社会大家庭的一份子，就应尽全力做贡献，深知以天下为己任。一旦做出了贡献，那伴随而来的可能就是功名这个副产品，像杨利伟、许振超、袁隆平那样，我们不应该向他们学习吗？当你成为了大官、手中掌权时，则应切记自己是百姓的父母官，居庙堂之高忧其民，深深记住自己的责任。

所以说，我们应树立远大志向，使自己有所作为，为社会做出贡献；把利禄看得太重，那不是人生的真谛，更不是人生真正的财富。

愿你走好自己的每一步。

纪连海谈 庄子

原文

中山公子牟谓瞻子曰①："身在江海之上，心居乎魏阙之下②，奈何？"瞻子曰："重生，重生则利轻③。"中山公子牟曰："虽知之，未能自胜也④。"瞻子曰："不能自胜则从⑤，神无恶乎？不能自胜而强不从者⑥，此之谓重伤⑦。重伤之人，无寿类矣。"魏牟，万乘之公子也⑧，其隐岩穴也，难为于布衣之士⑨；虽未至乎道，可谓有其意矣。

注释

①中山公子牟：魏国公子，名牟，因封于中山，故名"中山公子牟。瞻子：魏国的贤人。

②阙：宫廷前面的观楼，常用来指代宫殿、朝廷。

③"利轻"疑为"轻利"之误倒，与"重生"互文。

④自胜：自我约束。

⑤从：放任不羁，这个意义后代写作"纵（縱）"。

⑥强：勉强。

⑦重伤：双重损伤。

⑧万乘：上万辆军车，这里指具有如此军力的大国。

⑨布衣：平民的代称。

中山公子牟对瞻子说:"我虽身居江湖之上,心思却时常留在宫廷里,怎么办呢?"瞻子说:"这就需要看重生命。重视生命的存在也就会看轻名利。"中山公子牟说:"虽然我也知道这个道理,可是总不能抑制住自己的感情。"瞻子说:"不能约束自己的感情也就听其自然放任不羁,这样你的心神会不厌恶对于宫廷生活的眷念吗?不能自己管束自己而又要勉强地管束自己,这就叫作双重损伤。心神受到双重损伤的人,就不会是寿延长久的人了。"魏牟,是大国的公子,他隐居在山岩洞穴中,比起平民百姓来这就为难得多了;虽然未能达到体悟大道的境界,也可说是有了体悟大道的心愿了。

中山公子牟,即魏国君主的公子,名牟,封地中山,故名中山公子牟。作为君主之子,名誉地位财富均不欠缺,但他却想走自己的人生道路,这就说明了名誉地位财富并不是真正的人生道路,而只是目标。目标达到了,可是人生道路并不确定,所以,他就想放弃名誉地位财富而致力于人生道路,虽然他没有完全放下名誉地位财富,但是他已经意识到这个问题。

换用今天的语言来说,是庄子觉得这人还比较靠谱!

司马迁曾说:"天下熙熙皆为利来,天下攘攘皆为利往。"人活于世,追求名利是一种常态,一个人想要实现自身的价值,想要让更多人了解、尊重,这样的"名"是每个人需要得到的;一个人想要通过努力累积财富,改变自身的条件、个人的生活,这样的"利"是每个人自然要追求的。然而,凡事有度,最难得的就是把握好追求人生意义的实现和一味沉醉功名利禄之间的那条线,不要由名利生出贪婪之心,最终害了自己。

现代社会，很多人都背负着沉重的心理压力，不但耗费心力，也啃噬着身体的健康，带来一生的痛苦。人要活得舒心、快乐、潇洒，首先要学会知足，学会随遇而安。知足、随遇而安就是幸福。我们和有钱、有势、有权的人一样，都是人。因为都是人，就没有必要仰人鼻息，笑脸求人！只要我们一生都在脚踏实地去干事，即使创造不出什么辉煌，也能感受到生活的真实、追求的快乐，也就能"得鱼固可喜，无鱼亦欣然"！

人生载不动太多的烦恼和忧愁，唯有内心泰然、坦然，才能无往而不乐。持有一颗平常心，坐看云起云落、花开花谢，一任沧桑，就能获得一份云水悠悠的好心情。做平常事，做平凡人，保持平静的心态，保持平衡的心理，如果我们能以这种最美好的心情来对待每一天，则我们的每一天都会充满阳光，洋溢着希望。

原文

孔子穷于陈蔡之间①，七日不火食，藜羹不糁②，颜色甚惫，而弦歌于室。颜回择菜。子路子贡相与言曰："夫子再逐于鲁，削迹于卫，伐树于宋，穷于商周，围于陈蔡，杀夫子者无罪，藉夫子者无禁③。弦歌鼓琴，未尝绝音，君子之无耻也若此乎？"

颜回无以应，入告孔子。孔子推琴喟然而叹曰④："由与赐⑤，细人也⑥。召而来，吾语之。"子路子贡入。子路曰："如此者可谓穷矣！"孔子曰："是何言也！君子通于道之谓通，穷于道之谓穷。今丘抱仁义之道以遭乱世之患，其何穷之为⑦！故内省而不穷于道⑧，临难而不失其德，天寒既至⑨，霜雪既降，吾是以知松柏之茂也。陈蔡之隘⑩，于丘其幸乎！"孔子削然反琴而弦歌⑪，子路扢然执干而舞⑫。子贡曰："吾不知天之高也，地之下也⑬。"

古之得道者，穷亦乐，通亦乐。所乐非穷通也，道德于此，则穷通为寒暑风雨之序矣。故许由娱于颍阳而共伯得乎共首⑭。

注释

①穷：困厄，窘迫。
②藜：野菜。糁（sǎn）：小米粒。
③藉：凌辱，践踏。

④喟(kuì)然：叹息声。

⑤由与赐：即子路与子贡。

⑥细人：不足称道的人，这里指见识浅薄的人。

⑦为：通"谓"。

⑧省(xǐng)：检查。

⑨天：当是"太"字之讹。

⑩隘(è)：通"阨"，困厄的意思。

⑪削然：取琴之声。反琴：再次弹起琴来。

⑫扢(xì)然：勇武的样子。干：盾牌。

⑬地之下：犹言地之厚。

⑭颖阳：颖水的北岸，许由隐居之处。

纪老师说

孔子在陈、蔡之间遭受困厄，七天不能生火做饭，野菜汤里没有一粒米屑，脸色疲惫，可是还在屋里不停地弹着琴唱着歌。子路和子贡表示很不理解，老师这是怎么了，是不是神经出问题了？

孔子说，你们怎么懂得我这样做的道理，君子通达于道叫作一以贯通，不能通达于道叫作走投无路。如今我信守仁义之道而遭逢乱世带来的祸患，怎么能说成是走投无路！善于反省就不会不通达于道，面临危难就不会丧失德行，严寒已经到来，霜雪降临大地，我这才真正看到了松柏仍是那么郁郁葱葱。陈、蔡之间的困厄，对于我来说恐怕还是一件幸事啊！

庄子认为，古时候得道的人，困厄的环境里也能快乐，通达的情况下也能快乐。心境快乐的原因不在于困厄与通达，是道德存留于心中，就像许由能够在颖水的北岸求得欢娱而共伯则在共首之山悠游自得地生活一样。

人这一辈子，并不总是一帆风顺，总会遇到磕磕碰碰，总会有陷入困顿的时候，正如四季交替一样，人生道路也不会永远是春天。在人生道路中，人们都会遇到风雨寒暑，所以我们不能因为遇到风雨寒暑就放弃我们的人生道路。

人生处处有磨难，人只有在磨难中接受洗礼，才能修成正果。人唯有在经历后，才能辨明是非，才能承受得了生活的压力。活着就是一种修行，做好自己，执着上路，追寻自己的理想，每个人都能走进人生的春天。

原文

　　舜以天下让其友北人无择①，北人无择曰："异哉后之为人也②，居于畎亩之中而游尧之门③！不若是而已④，又欲以其辱行漫我⑤。吾羞见之。"因自投清泠之渊⑥。

　　汤将伐桀，因卞随而谋⑦，卞随曰："非吾事也。"汤曰："孰可？"曰："吾不知也。"汤又因瞀光而谋⑧，瞀光曰："非吾事也。"汤曰："孰可？"曰："吾不知也。"汤曰："伊尹何如⑨？"曰："强力忍垢⑩，吾不知其他也。"汤遂与伊尹谋伐桀，克之⑪，以让卞随⑫。卞随辞曰："后之伐桀也谋乎我⑬，必以我为贼也⑭；胜桀而让我，必以我为贪也。吾生乎乱世，而无道之人再来漫我以其辱行，吾不忍数闻也。"乃自投稠水而死⑮。

　　汤又让瞀光曰："知者谋之，武者遂之⑯，仁者居之，古之道也。吾子胡不立乎？"瞀光辞曰："废上⑰，非义也；杀民，非仁也；人犯其难，我享其利，非廉也。吾闻之曰：非其义者，不受其禄，无道之世，不践其土。况尊我乎⑱！吾不忍久见也。"乃负石而自沈于庐水⑲。

注释

①北人无择：人名，复姓北人，名无择。

②后：君后，这里指称虞舜。

③畎（quǎn）：田间小沟；"畎亩"泛指农田。

④不若：不仅。已：止。

⑤漫：污。

⑥清泠：深渊之名。

⑦卞随：隐士。姓卞名随。

⑧瞀光：务光，姓务名光，传说中的又一隐士。

⑨伊尹：商初的贤人，辅助商汤建立了商朝。

⑩强力：有坚强的毅力。垢：耻辱。

⑪克：胜。

⑫以让卞随：以之让卞随，把天下让给卞随。

⑬后：君后，这里指称商汤。

⑭贼：害，这里讲作凶残的人。

⑮椆（chóu）水：古代一河流名。

⑯遂：继而完成。

⑰废上：这里指灭了夏朝并流放了夏桀。商汤本是夏朝的臣属，故这里称作"上"。

⑱尊我：使我为尊。

⑲沈：沉。

纪老师说 ●●●

古代，有这么一些人，心中有自己的活法，绝不接受别人的侮辱，若是别人来骚扰他，一言不合就跳水，死给人看。

舜打算把天下让给他的朋友北人无择，北人无择说，你结识唐尧并

且接受禅让也就罢了！还要用同样的事情来侮辱我，这可不行！于是跳进深渊而死。

商汤讨伐夏桀，事前询问卞随，卞随无可奉告，找瞀光，也无可奉告，只好找伊尹完成这项工作。后来，商汤想把天下让给卞随，卞随觉得自己受了侮辱，跳入椆水而死。

商汤又打算将天下让给瞀光，瞀光说，废除了自己的国君，不合于道义；征战杀伐，不合于仁爱；别人冒着危难，我却坐享其利，不合于廉洁。现在还要将天下给我，我还是和您说拜拜吧！于是瞀光也跳水而死，为了死得更彻底一些，他干脆背了块大石头。

不管是北人无择、卞随还是务光，他们都是坚持走自己人生道路的人，他们不愿意为了名誉地位财富而改变自己的人生道路。也就是说，走在人生道路上，道路两旁有不少的名誉地位财富，是停下来享受这些名誉地位财富？还是继续走自己的人生道路？按照庄子的意见，不能因为遇见名誉地位财富就放弃自己的人生道路。

这几个人死得很有特点，也很有共性，他们这一死不要紧，给后人有个叫屈原的创造了一个效仿学习的机会。

屈原是战国时期楚国诗人、政治家，芈姓，屈氏，名平，字原，楚武王熊通之子屈瑕的后代。少年时受过良好的教育，博闻强志，志向远大。早年受楚怀王信任，任左徒、三闾大夫，兼管内政外交大事。他提倡"美政"，主张对内举贤任能，修明法度，对外力主联齐抗秦。因遭贵族排挤毁谤，被先后流放至汉北和沅湘流域。秦将白起攻破楚都郢后，屈原自沉于汨罗江，以身殉国。

原文

昔周之兴，有士二人处于孤竹①，曰伯夷叔齐②。二人相谓曰："吾闻西方有人，似有道者，试往观焉。"至于岐阳③，武王闻之，使叔旦往见之④，与盟曰⑤："加富二等⑥，就官一列⑦。"血牲而埋之⑧。

二人相视而笑曰："嘻，异哉！此非吾所谓道也。昔者神农之有天下也，时祀尽敬而不祈喜⑨；其于人也，忠信尽治而无求焉。乐与政为政⑩，乐与治为治，不以人之坏自成也⑪，不以人之卑自高也，不以遭时自利也。今周见殷之乱而遽为政⑫，上谋而下行货⑬，阻兵而保威⑭，割牲而盟以为信，扬行以说众⑮，杀伐以要利，是推乱以易暴也⑯。吾闻古之士，遭治世不避其任，遇乱世不为苟存⑰。今天下，周德衰⑱，其并乎周以涂吾身也⑲，不如避之以絜吾行⑳。"二子北至于首阳之山㉑，遂饿死焉。若伯夷叔齐者，其于富贵也，苟可得已，则必不赖㉒。高节戾行㉓，独乐其志，不事于世，此二士之节也。

注释

①孤竹：古国名，相传在今辽西之地。

②伯夷、叔齐：孤竹君之二子，历代传为高洁之士。

③岐阳：岐山之阳，即岐山的南麓。

④叔旦：即周公旦，为周武王之弟，故称叔旦。

⑤有的版本"与"字之后有一""之"字。

⑥加富：指增加爵禄。

⑦就：就任。一列：一等。

⑧血牲而埋之：这是古代盟誓的一种习惯做法，用以表示信守不渝。

⑨时祀：按照时令祭祀。尽：竭力。祈：求。

⑩与（yù）：参与，在其中。

⑪以：因，趁。坏：败。

⑫遽：急速。"遽为政"是急速夺取统治天下的权力。

⑬本句有的版本无"下"字。上谋：崇尚谋略。行货：指收买臣属。

⑭阻：恃；"阻兵"是说依靠武力。

⑮扬行：宣扬自己的德行。说（yuè）：喜悦；"说众"即取悦众人。

⑲并：傍；"并乎周"是说跟周在一起。涂：污；用作动词。

⑳絜（jié）："洁（潔）"字的异体。

㉑首阳：古代的山名。

㉒赖：取。

㉓戾（lì）：乖背，与众不同的意思。

纪老师说

伯夷、叔齐也是坚持自己人生道路的人，他们也知道商纣王的残暴淫乱，所以跑到周国来，希望向周文王学习，不料此时周文王已死，周武王即位，而且周武王欲推翻残暴淫乱的殷商王朝。他们认为周武王是以下犯上，不是最佳行为方式。他们说，上古的贤士，遭逢治世不回避责任，遇上乱世不苟且偷生。如今天下昏暗，周人如此做法说明德行已经衰败，与其跟周人在一起而使自身受到侮辱，不如逃离他们保持品行的高洁。于是他们离开周国，随后饿死在首阳山上。他们就是不畏惧死亡而且能坚持自己人生道路的人。

原来，一言不合就饿死，也是一种人生。

抗战胜利后，民主运动高涨，国民党当局对此采取了暴力镇压的手段。朱自清的好友李公朴、闻一多的先后遇害，使他悲愤万分。此时因为内战，国内经济崩溃，国民党当局发行大量金圆券，物价飞涨，人民生活水平大幅度下降。为了安抚知识分子，国民党政府发行了一种配购证，可低价购到由美国援助的面粉。这个配购证遭到了很多大学教授的抵制。1948年6月18日，吴晗来到朱自清家，带来一份《抗议美国扶日政策并拒绝领取美援面粉宣言》。这个时候，朱自清因为严重的胃病身体已经非常虚弱，但是依然郑重地在《宣言》上签下了自己的名字。

1948年8月12日，也就在他签下不领美国面粉宣言之后不到两个月，朱自清严重的胃溃疡最终导致胃穿孔，医治无效，不幸逝世。朱自清虽然不是饿死的，但确是跟此事有了些牵连。

一个人，最可贵的就是能够坚持走自己的人生道路。人走在人生道路上，会有风雨霜雪，会有春夏秋冬，会遇到名誉地位财富，但是，所有的一切，都不能影响我们坚持走自己的人生道路，都不能让我们放弃自己的人生道路。请记住，坚持自己的人生道路，才能达成自己的愿望，才能实现自己的目标，才能获得幸福与快乐。

盗 跖

原文

　　孔子与柳下季为友①，柳下季之弟，名曰盗跖。盗跖从卒九千人，横行天下，侵暴诸侯；穴室枢户②，驱人牛马，取人妇女；贪得忘亲，不顾父母兄弟，不祭先祖。所过之邑，大国守城，小国入保③，万民苦之④。孔子谓柳下季曰："夫为人父者，必能诏其子⑤；为人兄者，必能教其弟。若父不能诏其子，兄不能教其弟，则无贵父子兄弟之亲矣。今先生，世之才士也，弟为盗跖，为天下害，而弗能教也，丘窃为先生羞之。丘请为先生往说之⑥。"柳下季曰："先生言为人父者必能诏其子，为人兄者必能教其弟，若子不听父之诏，弟不受兄之教，虽今先生之辩，将奈之何哉！且跖之为人也，心如涌泉，意如飘风⑦，强足以距敌⑧，辩足以饰非，顺其心则喜，逆其心则怒，易辱人以言。先生必无往。"

　　孔子不听，颜回为驭，子贡为右⑨，往见盗跖。盗跖乃方休卒徒大山之阳⑩，脍人肝而餔之⑪。孔子下车而前，见谒者曰⑫："鲁人孔丘，闻将军高义，敬再拜谒者。"

　　谒者入通，盗跖闻之大怒，目如明星，发上指冠，曰："此夫鲁国之巧伪人孔丘非邪⑬？为我告之：'尔作言造语，妄称文武，冠枝木之冠⑭，带死牛之胁⑮，多辞缪说⑯，不耕而食，不织而衣，摇唇鼓舌，擅生是非，以迷天下之主，使天下学士不反其本，妄作孝弟而侥幸于封侯富贵者也⑰。子之罪大极重⑱，疾走归！不然，我将以子肝益昼铺之膳⑲！'"

孔子复通曰："丘得幸于季，愿望履幕下⑳。"谒者复通，盗跖曰："使来前！"孔子趋而进㉑，避席反走㉒，再拜盗跖。盗跖大怒，两展其足，案剑瞋目㉓，声如乳虎㉔，曰："丘来前！若所言，顺吾意则生，逆吾意则死。"

孔子曰："丘闻之，凡天下有三德：生而长大，美好无双，少长贵贱见而皆说之㉕，此上德也；知维天地㉖，能辩诸物㉗，此中德也；勇悍果敢，聚众率兵，此下德也。凡人有此一德者，足以南面称孤矣㉘。今将军兼此三者，身长八尺二寸，面目有光，唇如激丹㉙，齿如齐贝，音中黄钟㉚，而名曰盗跖，丘窃为将军耻不取焉㉛。将军有意听臣㉜，臣请南使吴越，北使齐鲁，东使宋卫，西使晋楚，使为将军造大城数百里，立数十万户之邑，尊将军为诸侯，与天下更始㉝，罢兵休卒，收养昆弟㉞，共祭先祖㉟。此圣人才士之行，而天下之愿也。"

注释

①柳下季：鲁国人，但并不与孔子同一时代，姓展名禽，字季，采邑之地叫柳节，故名柳下季；死后谥号惠，故又称柳下惠。

②穴：用作动词，打穿、冲破的意思。枢：通"抠"，挖的意思。

③保：堡，这个意义后代写作"堡"。

④苦之：被他弄得很苦。

⑤诏：教，告诫。下同此解。

⑥说（shuì）：劝说，说服。

⑦飘风：骤起的暴风。

⑧距：通"拒"。

⑨右：车右，即居右位的骖乘。

⑩本句一本"徒"字之后有一"于"字，而"大山"作"太山"。大（tài）山之阳：泰山的南麓。

⑪脍：细切的肉。铺（bū）：食。

⑫谒者：这里指传达、禀报的人员。

⑬非：用同于"否"。

⑭前一"冠"讲作"戴"，后一"冠"指帽子。枝木：形容帽子上华丽的装饰状如树枝。

⑮带：束。死牛之胁：用牛皮制成的阔大腰带。

⑯缪：谬。

⑰弟（tì）：敬重兄长，这个意义后伏写作"悌"。

⑱极（極）：通"殛"，诛戮的意思。

⑲益：增。昼铺：午餐。

⑳履：踩。幕：帐幕。

㉑趋：快步走。

㉒避席：远离坐席。反走：却退。

㉓案：同"按"。瞋（chēn）目：因愤怒而睁大眼。

㉔乳虎：哺养幼虎的母虎。

㉕说：喜悦。

㉖维：络。"知维天地"是说才智足以包罗天地。

㉗辩：通"辨"，分辨的意思。

㉘南面称孤：即南面称王。

㉙激（jiǎo）：通"曒"，明的意思；"激丹"指鲜明的朱砂。

㉚中：合于"黄钟"，古代音乐中的六律之一。

㉛不取焉：不应当获得如此名声。

㉜臣：孔子自谦之称。

㉝更（gēng）始：更新，更除旧态并有一个好的开端。

㉞昆弟：兄弟。

㉟共：供奉。

原文

盗跖大怒曰："丘来前！夫可规以利而可谏以言者①，皆愚陋恒民之谓耳②。今长大美好③，人见而悦之者，此吾父母之遗德也。丘虽不吾誉④，吾独不自知邪？且吾闻之，好面誉人者⑤，亦好背而毁之。今丘告我以大城众民，是欲规我以利而恒民畜我也⑥，安可久长也！城之大者，莫大乎天下矣。尧舜有天下，子孙无置锥之地；汤武立为天子，而后世绝灭；非以其利大故邪？"

"且吾闻之，古者禽兽多而人少，于是民皆巢居以避之⑦，昼拾橡栗⑧，暮栖木上，故命之曰有巢氏之民。古者民不知衣服，夏多积薪，冬则炀之⑨，故命之曰知生之民⑩。神农之世，卧则居居⑪，起则于于⑫，民知其母，不知其父，与麋鹿共处，耕而食，织而衣，无有相害之心，此至德之隆也⑬。然而黄帝不能致德⑭，与蚩尤战于涿鹿之野⑮，流血百里。尧舜作⑯，立群臣，汤放其主⑰，武王杀纣⑱。自是之后，以强陵弱，以众暴寡⑲。汤武以来，皆乱人之徒也。"

"今子脩文武之道⑳，掌天下之辩㉑，以教后世，缝衣浅带㉒，矫言伪行，以迷惑天下之主，而欲求富贵焉，盗莫大于子。天下何故不谓子为盗丘，而乃谓我为盗跖？子以甘辞说子路而从之㉓，使子路去

纪连海谈 庄子

其危冠㉔,解其长剑,而受教于子,天下皆曰孔丘能止暴禁非。其卒之也㉕,子路欲杀卫君而事不成㉖,身菹于卫东门之上㉗,是子教之不至也。子自谓才士圣人邪? 则再逐于鲁,削迹于卫,穷于齐,围于陈蔡,不容身于天下。子教子路菹此患㉘,上无以为身㉙,下无以为人,子之道岂足贵邪?"

"世之所高㉚,莫若黄帝,黄帝尚不能全德,而战涿鹿之野,流血百里。尧不慈㉛,舜不孝㉜,禹偏枯㉝,汤放其主,武王伐纣,文王拘羑里㉞。此六子者㉟,世之所高也,孰论之㊱,皆以利惑其真而强反其情性㊲,其行乃甚可羞也。"

"世之所谓贤士,伯夷叔齐。伯夷叔齐辞孤竹之君而饿死于首阳之山,骨肉不葬。鲍焦饰行非世㊳,抱木而死。申徒狄谏而不听㊴,负石自投于河,为鱼鳖所食。介子推至忠也㊵,自割其股以食文公㊶,文公后背之,子推怒而去,抱木而燔死㊷。尾生与女子期于梁下㊸,女子不来,水至不去,抱梁柱而死。此六子者,无异于磔犬流豕操瓢而乞者㊹,皆离名轻死㊺,不念本养寿命者也。"

"世之所谓忠臣者,莫若王子比干、伍子胥。子胥沈江㊻,比干剖心,此二子者,世谓忠臣也,然卒为天下笑。自上观之,至于子胥比干,皆不足贵也。丘之所以说我者,若告我以鬼事,则我不能知也;若告我以人事者,不过此矣,皆吾所闻知也。今吾告子以人之情,目欲视色,耳欲听声,口欲察味,志气欲盈㊼。人上寿百岁,中寿八十,下寿六十,除病瘦死丧忧患,其中开口而笑者,一月之中不过四五日而已矣。天与地无穷,人死者有时,操有时之具而托于无穷之间㊽,忽然无异骐骥之驰过隙也。不能说其志意㊾,养其寿命者,皆非通道者也。"

"丘之所言，皆吾之所弃也，亟去走归⁵⁰，无复言之！子之道，狂狂汲汲⁵¹，诈巧虚伪事也，非可以全真也，奚足论哉！"

孔子再拜趋走，出门上车，执辔三失⁵²，目芒然无见⁵³，色若死灰，据轼低头⁵⁴，不能出气。归到鲁东门外，适遇柳下季。柳下季曰："今者阙然数日不见⁵⁵，车马有行色，得微往见跖邪⁵⁶？"孔子仰天而叹曰："然。"柳下季曰："跖得无逆汝意若前乎？"孔子曰："然。丘所谓无病而自灸也⁵⁷，疾走料虎头、编虎须⁵⁸，几不免虎口哉！"

注释

① 谏：谏正，用言语让人知过而改。

② 恒民：平常百姓。"恒民"亦作"顺民"，意思相当。

③ 长（cháng）大：身材魁梧高大。

④ 不吾誉：不赞誉我。

⑤ 面誉：当面夸赞人。

⑥ 畜：养。

⑦ 巢居：在树上筑巢而居。

⑧ 橡栗：橡树的果实。

⑨ 炀：烤干，这里讲作烤火。

⑩ 生：生存，这里指生存之道。

⑪ 居居：安静的样子。

⑫ 于于：得意的样子。

⑬ 隆：盛。

⑭ 致：达到，求得。

⑮蚩尤：原始社会后期一部落首领，相传与黄帝争夺中原一带的统治权。涿鹿：地名，今河北涿县。

⑯作：兴起，这里指称帝。

⑰放：流放，放逐；相传商汤打败夏桀，将夏桀流放到南巢。

⑱武王伐纣，战于牧野，纣王兵败自焚而死。

⑲暴：侵害。

⑳文武之道：周文王、周武王的治国方略。

㉑辩：辩言，这里指舆论。

㉒缝衣：逢衣，宽而长大之衣，亦即儒服。浅带：博带，即宽大的腰带。

㉓甘辞：甜蜜的话语。

㉔危冠：高高的帽子。子路刚勇好胜，常戴雄鸡形的高帽子，用以表示勇者之态。

㉕卒：终结，最后。

㉖卫君：卫庄公蒯聩。

㉗菹（làng）：剁成肉酱。

㉘本句前后无关联，疑有篡讹。

㉙上：长上，这里指师长。

㉚所高：所尊崇的人。

㉛尧不慈：唐尧没有把天下传给自己的儿子丹朱，所以说尧不仁慈。

㉜舜不孝：舜为父亲所疾恶，所以说舜不孝顺。

㉝偏枯：过分劳苦而致半身不遂。

㉞羑（yǒu）里：殷代监狱名，文王曾被纣王关在羑里。

㉟"六"字有的版本亦作"七"。黄帝、尧、舜、禹、汤、武王刚好称述为"六",列入文王则当称述为"七"。

㊱孰:仔细,深入;这个意义后代写作"熟"。

㊲真:本真、真性。反:违背。情性:合于自然的禀性。

㊳鲍焦:周代的隐士,姓鲍名焦。饰行:矫饰德行,即有意把自己打扮得很清高。非世:非议世事。

㊵介子推:晋人,即介之推。

㊶食文公:给晋文公吃。

㊷燔:焚烧。

㊸尾生:人名,即尾生高。期:约。梁:桥。

㊹磔(zhé)犬:屠宰肢解了的狗。流豕:沉河的猪。操:持。

㊺离:以名为利,重视名声的意思。

㊻沈:沉。

㊼欲盈:要求得到满足。

㊽有时之具:有时限的生命。

㊾说:悦。

㊿亟(jí):急,赶快。

㉛狂狂汲汲:亦作"狂狂伋伋",颠狂失性钻营奔逐的样子。

㉜执辔三失:拿着的缰绳三次失落。

㉝芒然:茫然,模糊不清的样子。

㉞据:依。轼:车前用作扶手的横木。

㉟阙然:虚空,心里不踏实。

㊱微:通"无","得微……邪"亦即"得无……乎"。

㊲炙:针刺疗病的办法。

㉘料:触动。

纪老师说

庄子代表的道家,一向看不惯儒家的思想学说,虽然在《庄子》一书中偶尔也表扬一下孔子,但在《盗跖》一文中,却直接被打了个落花流水,弄得很是狼狈不堪。文中的盗跖骂起人来不管不顾,把孔老夫子羞得恨不得找个地缝钻进去。这个片段,故事性比较强,也很有意思,所以我先把它的译文呈现出来。

孔子跟柳下季是朋友,柳下季的弟弟名叫盗跖。盗跖的部下有九千人,横行天下,侵扰各国诸侯;穿室破门,掠夺牛马,抢劫妇女;贪财妄亲,全不顾及父母兄弟,也不祭祀祖先。他所经过的地方,大国避守城池,小国退入城堡,百姓被他弄得很苦。孔子对柳下季说:"大凡做父母的,必定能告诫自己的子女,做兄长的,必定能教育自己的弟弟。假如做父亲的不能告诫自己的子女,做兄长的不能教育自己的兄弟,那么父子、兄弟之间的亲密关系也就没有什么可贵的了。如今先生你是当世的贤士,然而兄弟却被叫作盗跖,成为天下的祸害,而且不能加以管教,我私下里替先生感到羞愧。我愿意替你前去说服他。"柳下季说:"先生谈到做父亲的必定能告诫自己的子女,做兄长的必定能教育自己的弟弟,假如子女不听从父亲的告诫,兄弟不接受兄长的教育,即使像先生今天这样能言善辩,又能拿他怎么样呢?而且盗跖的为人,思想活跃犹如喷涌的泉水,感情变化就像骤起的暴风,勇武强悍足以抗击敌人,巧言善辩足以掩盖过失,顺从他的心意他就高兴,违背他的意愿他就发脾气,容易用言语侮辱别人。先生千万不要去见他。"

孔子不听,一根筋到底,回头让颜回驾车,子贡作骖乘,前去会见盗跖。盗跖正好在泰山的南麓休整队伍，正拿着人肝下酒。孔子下了车走上前去，见了禀报的人员说："鲁国人孔丘，听说将军刚毅正直，多多拜托转达我前来拜见的心意。"

禀报的人入内通报，盗跖听说孔子求见勃然大怒，双目圆睁亮如明星，头发怒起直冲帽顶，说："这不就是那鲁国的巧伪之人孔丘吗？替我告诉他：'你矫造语言，托伪于文王、武王的主张；你头上带着树权般的帽子，腰上围着宽宽的牛皮带，满口的胡言乱语；你不种地却吃得不错，不织布却穿得讲究；你整天摇唇鼓舌，专门制造是非，用以迷惑天下的诸侯，使天下的读书人全都不能返归自然的本性，而且虚妄地标榜尽孝尊长的主张以侥幸得到封侯的赏赐而成为富贵的人。你实在是罪大恶极，快些滚回去！要不然，我将把你的心肝挖出来作为午餐的膳食！'"

孔子再次请求通报接见，说："我荣幸地跟盗跖的哥哥柳下季相识，看在我们还有点缘分的面上，诚恳希望能够面见将军。"禀报人员再次通报，盗跖说："叫他进来！"孔子小心翼翼地快步走进帐中，又远离坐席连退数步，向盗跖深深施礼。盗跖一见孔子大怒不已，伸开双腿，按着剑柄怒睁双眼，喊声犹如哺乳的母虎，说："孔丘你上前来！你所说的话，合我的心意有你活的，不合我的心意你就等着一死。"

孔子说："我听说，大凡天下人有三种美德：生就魁梧高大，长得漂亮无双，无论少小年长高贵卑贱见到他都十分喜欢，这是上等的德行；才智能够包罗天地，能力足以分辨各种事物，这是中等的德行；勇武、慓悍、果决、勇敢，能够聚合众人统率士兵，这是下一等的德行。大凡人们有此一种美德，足以南面称王了。如今将军同时具备了上述三种美德，你高大魁梧身长八尺二寸，面容和双眼熠熠有光，嘴唇鲜红犹

如朱砂,牙齿整齐犹如编贝,声音洪亮合于黄钟,然而名字却叫盗跖,我暗暗为将军感到羞耻并且认为将军不应有此恶名。将军如果有意听从我的劝告,我将南边出使吴国越国,北边出使齐国鲁国,东边出使宋国卫国,西边出使晋国秦国,派人为将军建造数百里的大城,确立数十万户人家的封邑,尊将军为诸侯,跟天下各国更除旧怨开启新的一页,弃置武器休养士卒,收养兄弟,供祭祖先。这才是圣人贤士的作为,也是天下人的心愿。"

盗跖大怒说:"孔丘你上前来!凡是可以用利禄来规劝、用言语来谏正的,都只能称作愚昧、浅陋的普通顺民。如今我身材高大魁梧面目英俊美好,人人见了都喜欢,这是我的父母给我留下的美德。你孔丘即使不当面吹捧我,我难道不知道吗?而且我听说,喜好当面夸奖别人的人,也好背地里诋毁别人。如今你把建造大城、汇聚众多百姓的意图告诉给我,这是用功利来诱惑我,而且是用对待普通顺民的态度来对待我,这怎么可以长久呢!城池最大的,莫过于整个天下。尧舜拥有天下,子孙却没有立足之地;商汤与周武王立做天子,可是后代却遭灭绝,这不是因为他们贪求占有天下的缘故吗?

"况且我还听说,古时候禽兽多而人少,于是人们都在树上筑巢而居躲避野兽,白天拾取橡子,晚上住在树上,所以称他们叫作有巢氏之民。古时候人们不知道穿衣,夏天多多存积柴草,冬天就烧火取暖,所以称他们叫作懂得生存的人。到了神农时代,居处是多么安静闲暇,行动是多么悠游自得,人们只知道母亲,不知道父亲,跟麋鹿生活在一起,自己耕种自己吃,自己织布自己穿,没有伤害别人的心思,这就是道德鼎盛的时代。然而到了黄帝就不再具有这样的德行,跟蚩尤在涿鹿的郊野上争战,流血百里。尧舜称帝,设置百官,商汤放逐了他的君主，武王杀死了纣王。从此以后，世上总是依仗强权欺凌弱小，依仗势众侵害寡少。商汤、武王以来，就都是属于篡逆叛乱的人了。

"如今你研修文王、武王的治国方略，控制天下的舆论，一心想用你的主张传教后世子孙，穿着宽衣博带的儒式服装，说话与行动矫揉造作，用以迷惑天下的诸侯，而且一心想用这样的办法追求高官厚禄，要说大盗再没有比你大的了。天下为什么不叫你盗丘，反而竟称我是盗跖呢？你用甜言蜜语说服了子路让他死心塌地地跟随你，使子路去掉了勇武的高冠，解除了长长的佩剑，受教于你的门下，天下人都说你孔子能够制止暴力禁绝不轨。可是后来，子路想要杀掉篡逆的卫君却不能成功，而且自身还在卫国东门上被剁成了肉酱，这就是你那套说教的失败。你不是自称才智的学士、圣哲的人物吗？却两次被逐出鲁国，在卫国被人铲削掉所有足迹，在齐国被逼得走投无路，在陈国蔡国之间遭受围困，不能容身于天下。而你所教育的子路却又遭受如此的祸患，做师长的没有办法在社会上立足，做学生的也就没有办法在社会上为人，你的那套主张难道还有可贵之处吗？

"世上所尊崇的，莫过于黄帝，黄帝尚且不能保全德行，而征战于涿鹿的郊野，流血百里。唐尧不慈爱，虞舜不孝顺，大禹半身不遂，商汤放逐了他的君主，武王出兵征讨商纣，文王曾经被囚禁在羑里。这以上六个人，都是世人所尊崇的，但是仔细评论起来，都是因为追求功利迷惑了真性而强迫自己违反了自然的禀赋，他们的做法实在是极为可耻的。

"世人所称道的贤士，就如伯夷、叔齐。伯夷、叔齐辞让了孤竹国的君位，却饿死在首阳山，尸体都未能埋葬。申徒狄多次进谏不被采纳，背着石块投河而死，尸体被鱼鳖吃掉。介子推算是最忠诚的了，割下自己大腿上的肉给晋文公吃，文公返国后却背弃了他，介子推一怒之下逃出都城隐居山林，也抱着树木被焚烧而死。尾生跟一女子在桥下约会，女子没有如期赴约，河水涌来尾生却不离去，竟抱着桥柱子而淹死。以上这六个人，跟肢解了的狗、沉入河中的猪以及拿着瓢到处乞讨的乞丐相比没有什么不同，都是重视名节轻生赴死，不顾念身体和寿命的人。

"世人所称道的忠臣，没有超过王子比干和伍子胥的了。伍子胥被抛尸江中，比干被剖心而死，这两个人，世人都称作忠臣，然而最终被天下人讥笑。从上述事实看来，伍子胥、王子比干都是不值得推崇的。

"你孔丘用来说服我的，假如告诉我怪诞离奇的事，那我是不可能知道的；假如告诉我人世间实实在在的事，不过如此而已，都是我所听闻的事。现在让我来告诉你人之常情，眼睛想要看到色彩，耳朵想要听到声音，嘴巴想要品尝滋味，志气想要满足、充沛。人生在世高寿为一百岁，中寿为八十岁，低寿为六十岁，除掉疾病、死丧、忧患的岁月，其中开口欢笑的时光，一月之中不过四五天罢了。天与地是无穷尽的，人的生命却是有时限的，拿有时限的生命托付给无穷尽的天地之间，迅速地消逝就像是千里良驹从缝隙中骤然驰去一样。凡是不能够使自己心境获得愉快而颐养天命的人，都不能算是通晓常理的人。

"你孔丘所说的，全都是我想要废弃的，你赶快离开这里滚回去，不要再说了！你的那套主张，颠狂失性钻营奔逐，全都是巧诈、虚伪的东西，不可能用来保全真性，有什么好谈论的呢！"

孔子一再拜谢快步离去，走出帐门登上车子，眼光失神模糊不清，脸色犹如死灰，低垂着头靠在车前的横木上，颓丧得不能大口喘气。回到鲁国东门外，正巧遇上了柳下季。柳下季说："近来多日不见心里很不踏实，看看你的车马好像外出过的样子，恐怕是前去见到盗跖了吧？"孔子仰天长叹道："是的。"柳下季说："盗跖莫不是像先前我所说的那样违背了你的心意吧？"孔子说："正是这样。我这样做真是自找苦吃，急急忙忙地跑去撩拨虎头、编理虎须，几乎不免被虎口吞掉啊！"

有个观点说，这个故事可以简单地概括为"孔子三误"与"盗跖三击"。

"孔子三误"指的是他对父子、兄弟之间教育问题认识上的肤浅，说服盗跖的方式过于简单，还在于他居然用利益去诱惑盗跖。用利益诱惑一般人，往往一击即中，但盗跖不是这样的人，他是不会同意的。

至于"盗跖三击"，跖先是指出孔子的虚伪。大凡在别人跟前喜欢说好话的人，在人背后都喜欢说坏话。孔子的诡计在跖跟前一目了然。无非是钓鱼嘛，用富贵去引诱我，最后想驾驭我。不干！跖提出了自己的价值观。他不祈求大富大贵，因为你接受了越多的好处，相应你的子孙后代就要还更多的债，受更多的苦，何必酿个祸根呢？城池最大的莫过于整个天下，尧舜拥有天下，子孙却没有立足之地，商汤与周武王被立做天子，可是后代却遭灭绝，这不是因为他们贪求占有天下的缘故吗？ 跖对孔子紧接着来了第二次攻击，这次孔子真的是崩溃了。跖让孔子给"盗"下个定义，盗就是偷，我偷的只是财宝，是物质资料；而你孔丘呢，美名高照，你偷的是人心。因为你的仁义学说，人们知道了好坏、是非、善恶，也明白了什么是奖赏、怎样才有奖赏。人人都为了得到奖赏去假装仁义，表面上利他，实际上利己。你的偷才是真正的偷呢！看孔子一言不发，跖来了最后一击。好吧，就算承认你的仁义学说有好的、积极的方面，那让我们看看懂得仁义后的人吧，看到了吗？

纪连海谈 庄子

他们死板、呆滞、生硬而刻意地去遵守仁义，照本宣科；世界每天都不同，而他们却始终只会用死板的仁义去面对世界。伯夷、叔齐是怎么死的？申徒狄怎么死的？尾生怎么死的？这些人就死在呆板地遵守仁义、不懂得随机应变上了。

孔子自讨没趣，输在哪里？最根本的一句话就是道不同不相为谋。你和盗跖本就不是一路人，想用自己的观点去感化他，这可能吗？

历史上另有一个道不同难以为谋的例子，是汉武帝和淮南王的事情。

汉武帝刘彻和淮南王刘安，两个人既是君臣又有血亲关系，他们同是汉高祖刘邦的血脉，刘安是刘邦的孙子，刘彻是刘邦的曾孙，按刘家宗谱算，刘安是刘彻的叔叔。但是朝廷之上，刘彻则是万人顶礼膜拜的皇帝，而刘安则是一个仰天子鼻息的诸侯王。

身为皇族，刘安应该始终站在以汉武帝为首的刘氏朝廷的立场上；位列诸侯，刘安应该永远听令于皇帝刘彻。但是，淮南王刘安却没有和汉武帝刘彻保持高度的一致，特别是在汉武帝政权根基牢固以后，两个人的分歧越来越大，最终，刘安获"谋反"罪。

为什么会有这么大的分歧呢？还是他们各自坚持的治国观点不同罢了。

汉武帝之前的两朝——汉文帝和汉景帝时期，都是以道家思想为根本，到汉武帝初期，道家思想仍然是庙堂上的主导思想，随着汉武帝的长大成熟，他的雄心，他的胆识，使他感到需要一种更加积极的治国思想来实现，于是，儒家思想成为他统治天下的纲领。

刘安则认为道家思想能够支撑刘氏天下，所以，他和他的门客们精心编著了《淮南子》，列举天下兴亡的无数事例，来说明治国要以道家思想为本。刘安希望这部书能够成为汉武帝治国的案头要书，哪想到汉武帝却奉儒学为国学，还竟然"罢黜百家，独尊儒术"，刘安很失望。上了岁数的他不可能再放弃他一生所奉行的、并且在文景两朝已经证明是正确的治国思想的道家学说；汉武帝也很失望，他希望皇族的所有人都能够和他保持一致，能够维护他，尊重他，听令于他。但是，淮南王刘安却因循守旧，故步自封，时不时还发出一些和时局不协调的声音，因而，两个人的矛盾不断加深。

其实，汉武帝和刘安的矛盾不是个人的矛盾，是两种思想的矛盾，是两种治国纲领的矛盾。道不同不相与谋，这里的"道"指的就是治国思想。刘安和汉武帝都意识到了这个问题，分道扬镳是再所难免。只是，由于地位的不对等，刘安最终要获罪了。

历史已经翻去了很多页，时至今日，我们仍会遇到一些道不同之人。我觉得，政见不合不要紧，学术观点不和也不要紧，生活态度不一致也不要紧，只要能彼此尊重，别心生罅隙，别心生怨念，更不要寻机打击，还是能够相处坦然，彼此心安的。

纪连海谈 庄子

原文

子张问于满苟得曰①："盍不为行②？无行则不信，不信则不任，不任则不利。故观之名③，计之利④，而义真是也⑤。若弃名利，反之于心⑥，则夫士之为行，不可一日不为乎！"满苟得曰："无耻者富，多信者显⑦。夫名利之大者，几在无耻而信。故观之名，计之利，而信真是也⑧。若弃名利，反之于心，则夫士之为行，抱其天乎⑨！"

子张曰："昔者桀纣贵为天子，富有天下，今谓臧聚曰⑩，汝行如桀纣，则有怍色⑪，有不服之心者，小人所贱也。仲尼、墨翟穷为匹夫⑫，今谓宰相曰，子行如仲尼、墨翟，则变容易色称不足者，士诚贵也。故势为天子，未必贵也；穷为匹夫，未必贱也；贵贱之分，在行之恶美。"满苟得曰："小盗者拘，大盗者为诸侯，诸侯之门，义士存焉。昔者桓公小白杀兄入嫂而管仲为臣⑬，田成子常杀君窃国而孔子受币⑭。论则贱之，行则下之，则是言行之情悖战于胸中也⑮，不亦拂乎⑯！故书曰：孰恶孰美？成者为首，不成者为尾。"

子张曰："子不为行，即将疏戚无伦⑰，贵贱无义，长幼无序；五纪六位⑱，将何以为别乎？"满苟得曰："尧杀长子，舜流母弟⑲，疏戚有伦乎？汤放桀，武王杀纣，贵贱有义乎？王季为适⑳，周公杀兄㉑，长幼有序乎？儒者伪辞，墨者兼爱，五纪六位将有别乎？"

"且子正为名，我正为利。名利之实，不顺于理，不监于道㉒。吾日与子讼于无约曰㉓：'小人殉财，君子殉名。其所以变其情、易其性，则异矣；乃至于弃其所为而殉其所不为，则一也㉔。'故曰，无为小人，反殉而天㉕；无为君子，从天之理。若枉若直㉖，相而天极㉗；面观四方，与时消息㉘。若是若非，执而圆机㉙；独成而意㉚，与道徘徊。无转而行㉛，无成而义，将失而所为㉜。无赴而富，无殉而成，将弃而天。比干剖心，子胥抉眼㉝，忠之祸也；直躬证父㉞，尾生溺死，信之患也；鲍子立干㉟，申子不自理㊱，廉之害也；孔子不见母㊲，匡子不见父㊳，义之失也。此上世之所传，下世之所语，以为士者正其言㊴，必其行㊵，故服其殃㊶，离其患也㊷。"

注释

①子张：孔子的弟子，姓颛孙，名师，子张为字。满苟得：杜撰的人名。

②盍（hé）：何。行：德行、品行；下同。

③观之名：以名观之，从名誉的角度来观察。

④计：考虑。

⑤而（néng）：通"能"，"而义"即能够实行仁义。

⑥反之于心：只在内心求得反省。

⑦信（shēn）：通"伸"，表现、求取。

⑧而：见注⑤。

⑨抱：守。天：自然。

⑩臧：奴隶、仆役。聚：赶马、驾车的人。

⑪怍（zuò）：惭愧。

⑫匹夫：平民百姓。

⑬入嫂：纳嫂，娶了嫂嫂作妻子。

⑭田成子：即田常。受币：接受赠与的布帛。

⑮悖（bèi）：违背。

⑯拂：违逆，这里指情理上不相合。

⑰戚：亲。伦：人伦顺序。

⑱五纪：岁、日、月、星辰、历数。六位：诸父、兄弟、族人、诸舅、师长、朋友。

⑲相传舜流放了同母的弟弟象。

⑳王季：周文王的父亲。

㉑周公曾诛杀兄长管叔、蔡叔。

㉒监：明。

㉓日：往昔。讼：争论是非。无约：假托的人名，寓指不受名利所约束。

㉔一：同一，同样的。

㉕而：你。

㉖若：或。枉：曲。

㉗相：视。"相而天极"即顺其自然。

㉘时：时令，四时。息：繁衍生息。

㉙圆机：环中，周转变化的中枢。

㉚而：你。

㉛转：通"专"，执着、专一的意思。

㉜所为：旧注指真性。

㉝抉眼：挖出眼睛，指被杀害。

㉞直躬：人名。

㉟鲍子：前一部分所述抱树而死的鲍焦。

㊱不自理：不申辩。

㊲相传孔子周游历国，其母临终时孔子也未能见面。

㊳匡子：匡章，齐国人，劝谏他的父亲，其父不采纳并把他赶出家门，于是匡章终生不再见父亲。

㊴正其言：以其言为正，让自己的言论正直。

㊵必其行：必定去做。

㊶服：受。

㊷离：通"罹"，遭逢。

纪老师说

先来了解一下这部分的内容。

子张向满苟得问道："怎么不推行合于仁义的德行呢？没有德行就不能取得别人的信赖，就不会得到任用，就不会得到利益。所以，从名誉的角度来观察，从利禄的角度来考虑，能够实行仁义就真是这样的。假如弃置名利，只在内心求得反思，那么士大夫的所作所为，也不可能一天不讲仁义，那样多没面子啊！"满苟得无情揭示子张言论中的矛盾，说："没有羞耻的人才会富有，善于吹捧的人才会显贵。但凡获得名利最大的，几乎全在于无耻而多言。所以，从名誉的角度来观察，从利禄的角度来考虑，能够吹捧就真是这样的。假如弃置名利，只在内心求得反思，那么士大夫的所作所为，也就只有保持他的天性了啊！"子张说："当年桀与纣贵为天子，富有到占有天下，如今对地位卑贱的奴仆说品行如同桀纣，那么他们定会惭愧不已，产生不服气的思想，这

是因为桀纣的所作所为连地位卑贱的人也瞧不起。仲尼和墨翟穷困到跟普通百姓一样,如今对官居宰相地位的人说品行如同仲尼和墨翟,那么他一定会除去傲气谦恭地说自己远远比不上,这是因为士大夫确实有可贵的品行。所以说,势大为天子,未必就尊贵;穷困为普通百姓,未必就卑贱;尊贵与卑贱的区别,决定了德行的美丑。"满苟得说:"小的盗贼被拘捕,大的强盗却成了诸侯,诸侯的门内方才存有道义之士。当年齐桓公小白杀了兄长、娶了嫂嫂而管仲却做了他的臣子,田成子常杀了齐简公自立为国君而孔子却接受了他赠予的布帛。谈论起来总认为桓公、田常之流的行为卑下,做起来又总是使自己的行为更加卑下,这就是言语和行动的实情在胸中相互矛盾和斗争,岂不是情理上极不相合吗!所以古书上说过:谁坏谁好?成功的居于尊上之位,失败的沦为卑下之人。"

所谓成者王侯败者贼!你看看,这与德行有什么关系?

子张说:"你不推行合于仁义的德行,就必将在疏远与亲近之间失去人伦关系,在尊贵与卑贱之间失去规范和准则,在长上与幼小之间失去先后序列;这样一来五伦和六位,又拿什么加以区别呢?"满苟得说:"尧杀了亲生的长子,舜流放了同母的兄弟,亲疏之间还有伦常可言吗?商汤逐放夏桀,武王杀死商纣,贵贱之间还有准则可言吗?王季被立为长子,周公杀了两个哥哥,长幼之间还有序列可言吗?儒家伪善的言辞,墨家兼爱的主张,'五纪'和'六位'的序列关系还能有区别吗?

"而且你心里所想的正在于名,我心里所想的正为了利。名与利的实情不合于理,也不明于道。我往日跟你争论不休:'小人为财而死,君子为名献身。然而他们变换真情、更改本性的原因却没有不同;而竟舍弃该做的事而不惜生命地追逐不该寻求的东西,那是同一样的。'所以说,不要去做小人,反过来追寻你自己的天性;不要去做君子,而顺从自然的规律。或曲或直,顺其自然;观察四方,跟随四时变化而消长。或是或非,牢牢掌握循环变化的中枢;独自完成你的心意,跟随大道往返进退。不要执着于你的德行,不要成就于你所说的规范;那将会丧失你的禀性。不要为了富有而劳苦奔波,不要为了成功而不惜献身,那将会舍弃自然的真性。比干被剖心,子胥被挖眼,这是忠的祸害;直躬出证父亲偷羊,尾生被水淹死,这是信的祸患;鲍焦抱树而立、干枯而死,申生宁可自缢也不申辩委屈,这是廉的毒害;孔子不能为母送终,匡子发誓不见父亲,这是义的过失。这些现象都是上世的传闻,当代的话题,总认为士大夫必定会让自己的言论正直,让自己的行动跟着去做,所以深受灾殃,遭逢如此的祸患。"

子张是孔子的弟子,姓颛孙,名师,字子张。子张为维护儒家思想"德行、德目"提出来的辩论,由满苟得来逐步分别回答解释。并用实例来反驳子张的主张,而子张的主张也就是儒家一贯的主张,修养德行,执守德目。这些主张因为被广泛宣传,而且存在时间已经很久(从尧舜以来就一直在推行),一般人都习惯了,而且认为是颠扑不破的"真理"。要用真的真理去搬回假的"真理"是非常困难的。这就是庄子的心愿和使命。

子张和满苟得的对话,一个立足于名,一个立足于利,通过其间的辩论更进一步揭示出儒家说教的虚伪性,并且明确提出了"反殉而天""与道徘徊"的主张,与其追求虚假的仁义,不如"从天之理,顺其自然"。

原文

无足问于知和曰①："人卒未有不兴名就利者②。彼富则人归之，归则下之③，下则贵之④。夫见下贵者⑤，所以长生安体乐意之道也。今子独无意焉，知不足邪⑥？意知而力不能行邪⑦？故推正不忘邪⑧？"

知和曰："今夫此人以为与己同时而生⑨，同乡而处者，以为夫绝俗过世之士焉⑩；是专无主正⑪，所以览古今之时，是非之分也，与俗化世⑫。去至重⑬，弃至尊⑭，以为其所为也⑮；此其所以论长生安体乐意之道，不亦远乎！惨怛之疾⑯，恬愉之安，不监于体⑰；怵惕之恐⑱，欣欢之喜，不监于心。知为为而不知所以为⑲，是以贵为天子，富有天下，而不免于患也。"

无足曰："夫富之于人，无所不利，穷美究埶⑳，至人之所不得逮㉑，贤人之所不能及，侠人之勇力而以为威强㉒，秉人之知谋以为明察㉓，因人之德以为贤良㉔，非享国而严若君父。且夫声色滋味权势之于人，心不待学而乐之，体不待象而安之㉕。夫欲恶避就，固不待师，此人之性也。天下虽非我㉖，孰能辞之！"

知和曰："知者之为，故动以百姓㉗，不违其度，是以足而不争，无以为故不求㉘。不足故求之，争四处而不自以为贪；有余故辞之，弃天下而不自以为廉。廉贪之实，非以迫外也㉙，反监之度㉚。势为天子而不以贵骄人，富有天下而不以财戏人。计其患，虑其反，以为害于性，故辞而不受也，非以要名誉也㉛。尧舜为帝而雍㉜，非仁天下也，不以美害生也；善卷许由得帝而不受，非虚辞让也，不以事害己。此皆就其利，辞其害，而天下称贤焉，则可以有之，彼非以兴名誉也。"

无足曰："必持其名，苦体、绝甘、约养以持生㉝，则亦久病长阨而不死者也㉞。"

知和曰："平为福㉟，有余为害者，物莫不然，而财其甚者也。今富人，耳营钟鼓管籥之声㊱，口嗛于刍豢醪醴之味㊲，以感其意，遗忘其业，可谓乱矣；侅溺于冯气㊳，若负重行而上阪㊴，可谓苦矣；贪财而取慰㊵，贪权而取竭，静居则溺㊶，体泽而冯㊷，可谓疾矣；为欲富就利，故满若堵耳而不知避㊸，且冯而不舍㊹，可谓辱矣；财积而无用，服膺而不舍㊺，满心戚醮㊻，求益而不止，可谓忧矣；内则疑劫请之贼㊼，外则畏寇盗之害，内周楼疏㊽，外不敢独行，可谓畏矣。此六者，天下之至害也，皆遗忘而不知察，及其患至，求尽性竭财㊾，单以反一日之无故而不可得也㊿。故观之名则不见，求之利则不得，缭意体而争此㉛，不亦惑乎！"

> **注释**

①无足、知和：虚构的大物，分别寓含贪婪与懂得中和之道的意思。

②卒：最终，毕竟。

③下之：以己为下，表示谦卑，甘居其下。

④贵之：以之为贵，把对方看作是尊贵的。

⑤见：受。

⑥知：智。

⑦意知：心意能够知道。

⑧推正：推寻正道。

⑨今夫此人：如今有这么一个人。

⑩绝：超越。

⑪专：全。主正：基准。

⑫与俗：混同于俗。化世：融化于世。

⑬至重：指生命。

⑭至尊：指大道。

⑮为其所为：追求他一心想要追求的东西。

⑯惨怛（dá）：悲伤。

⑰监：显明；"不监"是说不能自己看清。下仿此解。

⑱怵（chù）惕：惊惶不安。

⑲为为：一心做自己想要做的事。所以为：为什么要这样做。

⑳埶：势。

㉑逮：及，"不逮"即赶不上。

㉒侠（xie）：通"挟"，挟持的意思。

㉓秉：把持。知：智。

㉔因：凭借、依靠。

㉕象：合于规范。

㉖非我：以我为非，认为我的看法不对。

㉗以：因，循。

㉘无以为：即无所为，没有有什么作为。

㉙以：因，由于。迫外：迫于外，即为外力所逼迫。

㉚反监：转回头来看一看。之：其。度：气度，度量。

㉛要（yāo）：求取。

㉜雍：雍和，指团结和睦。

㉝苦体：使身体受到劳苦。甘：甜，泛指美好的食物。约养：俭省给养。

㉞陁：同"厄"。"长陁"是说长久地受到困厄。

㉟平：均平，齐一。

㊱营：谋求。钟鼓：泛指敲击一类的乐器。管籥（yuè）：泛指箫笛一类的吹管乐器。

㊲嗛（qiǎn）：衔在嘴里。刍（chú）豢：泛指家畜，这里指肉食。醪（láo）醴：泛指酒浆。

㊳侅（gāi）溺：深深陷入的意思。冯气：盛气。

㊴阪（bǎn）：山坡。

㊵慰：怨，"取慰"即招惹怨恨。

㊶溺：指沉溺于嗜欲。

㊷泽：光润。冯：满，犹意气凌人。

㊸堵：墙；"堵耳"是说齐耳的高墙。

㊹冯而不舍：恃而不舍，意思是说越是贪婪，就越是得不到满足。

㊺服膺：念念不忘。

㊻醮：同"焦"；"戚醮"即烦恼。

㊼疑：担忧。请：强行索取。贼：害。

㊽楼：塔楼，用于防盗。疏：窗口。

㊾尽性：保全性命。

(50)单：但，只。反：返，指返归贫苦的生活。无故：无事。

(51)缭：缠绕。

纪老师说

无足向知和问道：“人们终究没有谁不想树立名声并获取利禄的。哪个人富有了人们就归附他，归附他也就自以为卑下，以为自己卑下就更会尊崇富有者。受到卑下者的尊崇，就是人们用来延长寿命、安康体质、快乐心意的办法。如今唯独你在这方面没有欲念，是才智不够用呢？还是有了念头而力量不能达到呢？抑或推行正道而一心不忘呢？”

知和说：“如今有这么一个兴名就利的人，就认为跟自己是同时生、同乡处，而且认为是超越了世俗的人了；其实这样的人内心里全无主心，用这样的办法去看待古往今来和是非的不同，只能是混同流俗而融合于世事。舍弃了贵重的生命，离开了最崇高的大道，而追求他一心想要追求的东西；这就是他们所说的延长寿命、安康体质、快乐心意的办法，不是跟事理相去太远吗！悲伤所造成的痛苦，愉快所带来的安适，对身体的影响自己不能看清；惊慌所造成的恐惧，欢欣所留下的喜悦，对于心灵的影响自己也不可能看清。知道一心去做自己想要去做的事却不知道为什么要这样去做，所以尊贵如同天子，富裕到占有天下，却始终不能免于忧患。”

无足说：“富贵对于人们来说，没有什么不利的，享尽天下的美好并拥有天下最大的权势，这是道德极高尚的人所不能得到的，也是贤达的人所不能赶上的；挟持他人的勇力用以显示自己的威强，把握他人的智谋用以表露自己的明察，凭借他人的德行用以赢得贤良的声誉，虽然没有享受过国家权力所带来的好处却也像君父一样威严。至于说到乐声、美色、滋味、权势对于每一个人，心里等不到学会就自然喜欢，身体不需要模仿早已习惯。欲念、厌恶、回避、俯就本来就不需要师传，这是人的禀性。天下人即使都认为我的看法不对，谁又能摆脱这一切呢？"

知和说："睿智的人的做法，总是依从百姓的心思而行动，不去违反民众的意愿，所以，知足就不会争斗，无所作为因而也就无所求。不能知足所以贪求不已，争夺四方财物却不自认为是贪婪；心知有余所以处处辞让，舍弃天下却不自认为清廉。廉洁与贪婪的实情，并不是因为迫于外力，应该转回头来察看一下各自的禀赋。身处天子之位却不用显贵傲视他人，富裕到拥有天下却不用财富戏弄他人。想一想它的后患，再考虑考虑事情的反面，认为有害于自然的本性，所以拒绝而不接受，并不是要用它来求取名声与荣耀。尧与舜做帝王时天下和睦团结，并非行仁政于天下，而是不想因为追求美好而损害生命；善卷与许由能够得到帝王之位却辞让不受，也不是虚情假意的谢绝禅让，而是不想因为治理天下危害自己的生命。这些人都能趋就其利，辞避其害，因而人们称誉他们是贤明的人，可见贤明的称誉也是可以获取的，不过他们的本心并非建树个人的名誉。"

无足说："必定要保持自己的名声，即使劳苦身形、谢绝美食、俭省给养以维持生命，那么这一定是个长期疾病困乏而没有死去的人。"

知和说："均平就是幸福，有余便是祸害，物类莫不是这样，而财物更为突出。如今富有的人，耳朵谋求钟鼓、箫笛的乐声，嘴巴满足于肉食、佳酿的美味，因而触发了他的欲念，遗忘了他的事业，真可说是迷乱极了；深深地陷入了愤懑的盛气之中，像背着重荷爬行在山坡上，真可说是痛苦极了；贪求财物而招惹怨恨，贪求权势而耗尽心力，安静闲居就沉溺于嗜欲，体态丰腴光泽就盛气凌人，真可说是发病了；为了贪图富有追求私利，获取的财物堆得像齐耳的高墙也不知满足，而且越是贪婪就越发不知收敛，真可说是羞辱极了；财物囤积却没有用处，念念不忘却又不愿割舍，满腹的焦心与烦恼，企求增益永无休止，真可说是忧愁极了；在家总担忧窃贼的伤害，在外面总害怕寇盗的残杀，在内遍设防盗的塔楼和射箭的孔道，在外不敢独自行走，真可说是畏惧极了。以上六种情况是天下最大的祸害，全都遗忘不求审察，等到祸患来临，想要倾家荡产保全性命，只求返归贫穷求得一日的安宁也不可能。所以，从名声的角度来观察却看不见，从利益的角度来探求却得不到，使心意和身体受到如此困扰地竭力争夺名利，岂不迷乱吗！"

无足提出财富的可贵与权势，主张富有是不可或缺的，应该努力争取。知和站在另一个角度来理解事物，主张均平才是幸福。

综合本篇内容来看，完全采取对话的方式辩论真理。这是世俗的观念与庄子观念的切实对比。所以，文字与说辞都寻求简明与直接。总意是希望人间不要虚伪，不要欺骗，不要去抢，不要去夺。因为宇宙自然原理是越是不要，越有；越是强求，越没有。即使勉强获得，也必定祸患相连，得不偿失，白辛苦一场，徒落笑柄！就是俗语所说：想发财倒穷十年。但凡做人做事合情合理，就是依顺大道，声名利禄自然就在那里，毫不费事。

富贵，名利不是绝对不可有，但要自己量力。不可去勉力逐求，反遭祸害。如果所作所为合乎大道，贤明、称誉自在其中。

如果有人因为耐不住寂寞，往往就自己为自己编剧，想出一下风头，热闹热闹，往往就把自己葬送了。

邓通是汉文帝的嬖臣，他别的本事没有，只有一套阿谀奉承的本领,他拿出浑身解数,奉承吹捧,以取媚于汉文帝,时常能把文帝捧得云里雾里的。汉文帝从此更加宠爱他,时常跑到邓通家中,跟他玩各种游戏。

一天,文帝叫一个看相的术士给邓通看相,相士直言不讳地对文帝说:"邓大夫以后会因贫困而饿死。"文帝听后大不高兴,愤愤地对邓通说:"朕要想让你富,有何难哉?"说完即下了一道诏书,把蜀郡严道县的铜山赐给邓通,并允许他铸钱。邓通从此富可敌国。邓通既蒙文帝宠爱,感激涕零,更加想要有所报答才行。

文帝患痈,因感念他的宠爱与恩德,邓通常为其吸吮患处。文帝闷闷不乐地问邓通:"天下谁最爱我呢?"邓通答:"应该没有比太子更爱您的了。"后来太子进宫问候文帝的病情,文帝要他吸吮患处。太子吸时却面露难色,事后听说邓通经常为皇上吮痈,心里感到惭愧,却也因此而怨恨他了。

几年后文帝死,太子即位,这就是景帝。景帝一即位,首先便把邓通革职,追夺铜山,并没收他的所有家产。可怜富逾王侯的邓通,一旦落难,竟与乞丐一样,身无分文,最后竟应了相士的话,饿死街头。

邓通死前,留下遗言:早知如此,我要那么多钱干什么?三亩薄田,即可管饱肚子啊!

常言道,出来混,总是要还的。从长远眼光看,没有本事身居高位,搂着一大堆钱是危险的。那些想投机取巧走捷径升官发财的人,最终只能是竹篮打水一场空!

纪连海谈 庄子

说 剑

原文

昔赵文王喜剑①，剑士夹门而客三千余下②，日夜相击于前，死伤者岁百余人，好之不厌③。如是三年，国衰，诸侯谋之。太子悝患之④，募左右曰⑤："孰能说王之意止剑士者⑥，赐之千金。"左右曰："庄子当能。"

太子乃使人以千金奉庄子⑦。庄子弗受，与使者俱，往见太子曰："太子何以教周，赐周千金？"太子曰："闻夫子明圣，谨奉千金以币从者⑧。夫子弗受，悝尚何敢言！"庄子曰："闻太子所欲用周者，欲绝王之喜好也。使臣上说大王而逆王意⑨，下不当太子⑩，则身刑而死，周尚安所事金乎？使臣上说大王，下当太子，赵国何求而不得也！"太子曰："然。吾王所见，唯剑士也。"庄子曰："诺。周善为剑。"太子曰："然吾王所见剑士，皆蓬头突鬓垂冠⑪，曼胡之缨⑫，短后之衣⑬，瞋目而语难⑭，王乃说之⑮。今夫子必儒服而见王，事必大逆⑯。"庄子曰："请治剑服。"治剑服三日，乃见太子。太子乃与见王⑰，王脱白刃待之⑱。

注释

①赵文王，即赵惠文王。

②夹门：拥门。客：作客，寄食于门下。

③厌：满足；这个意义后代写作"餍"。

④悝：太子名。

⑤募：征求。

⑥说：劝说，说服。

⑦奉：赠予。

⑧币：赠礼，这里用作动词；"币从者"即犒赏从者。

⑨使：假使。

⑩当：合；"不当太子"是说不能合于太子的心愿。

⑪突鬓：鬓毛突出。垂冠：低垂着帽子。

⑫曼胡之缨：系着粗实的帽缨。

⑬短后之衣：便于打斗的短衣。

⑭嗔（chēn）目：瞪着眼。语难：喘着粗气因而说话困难。

⑮乃：竟。说：喜悦。

⑯逆：反。"事必大逆"是说事情一定会弄得很糟。

⑰与见王：即"与之见王"，跟庄周一起拜见赵文王。

⑱脱：解下。

原文

庄子入殿门不趋①，见王不拜。王曰："子欲何以教寡人，使太子先。"曰："臣闻大王喜剑，故以剑见王。"王曰："子之剑何能禁制②？"曰："臣之剑，十步一人③，千里不留行④。"王大悦之，曰："天下无敌矣！"

庄子曰："夫为剑者，示之以虚，开之以利，后之以发，先之以

至。愿得试之。"王曰:"夫子休就舍待命⑤,令设戏请夫子⑥。"王乃校剑士七日⑦,死伤者六十余人,得五六人,使奉剑于殿下⑧,乃召庄子。王曰:"今日试使士敦剑⑨。"庄子曰:"望之久矣。"王曰:"夫子所御杖⑩,长短何如?"曰:"臣之所奉皆可。然臣有三剑,唯王所用,请先言而后试。"

王曰:"愿闻三剑。"曰:"有天子剑,有诸侯剑,有庶人剑。"王曰:"天子之剑何如?"曰:"天子之剑,以燕谿石城为锋⑪,齐岱为锷⑫,晋魏为脊⑬,周宋为镡⑭,韩魏为夹⑮;包以四夷,裹以四时,绕以渤海,带以常山⑯;制以五行⑰,论以刑德⑱;开以阴阳,持以春秋,行以秋冬。此剑,直之无前,举之无上,案之无下⑳,运之无旁,上决浮云㉑,下绝地纪㉒。此剑一用,匡诸侯㉓,天下服矣。此天子之剑也。"文王芒然自失㉔,曰:"诸侯之剑何如?"曰:"诸侯之剑,以知勇士为锋㉕,以清廉士为锷,以贤良士为脊,以忠圣士为镡,以豪杰士为夹。此剑,直之亦无前,举之亦无上,案之亦无下,运之亦无旁;上法圆天以顺三光㉖,下法方地以顺四时,中和民意以安四乡㉗。此剑一用,如雷霆之震也,四封之内㉘,无不宾服而听从君命者矣㉙。此诸侯之剑也。"王曰:"庶人之剑何如?"曰:"庶人之剑,蓬头突鬓垂冠,曼胡之缨,短后之衣,瞋目而语难。相击于前,上斩颈领,下决肝肺,此庶人之剑,无异于斗鸡,一旦命已绝矣,无所用于国事。今大王有天子之位而好庶人之剑,臣窃为大王薄之㉚。"

王乃牵而上殿。宰人上食,王三环之㉛。庄子曰:"大王安坐定气,剑事已毕奏矣。"于是文王不出宫三月,剑士皆服毙自处也㉜。

注释

①趋：快步上前。

②禁：遏止；"禁制"即遏阻并制伏对手。

③十步一人：十步之内每每杀死一人。

④留：止。"千里不留行"是说行走千里也不会受阻。

⑤休就舍：暂到宿舍休息。

⑥设戏：安排击剑比武的盛会。

⑦校：同于"较"；"校剑"即比试剑术。

⑧奉（pěng）：捧着；这个意义后代写作"捧"。

⑨敦：治。"使士敦剑"是说跟剑士比对剑术。

⑩御：用。杖：用作动词，执掌的意思。"所御杖"是说所习惯使用的。

⑪以：用；以下各句承此而省。燕谿：燕国一地名。石城：塞北一山名。锋：剑尖。

⑫岱：山名，即泰山。锷：剑刃。

⑬"魏"作"卫"用。这里列述各处地名，无有"卫"地而以下还有"韩魏"一句中的"魏"字，足证本句"魏"字当是"卫"字之讹。

⑭镡（xín）：剑环。

⑮夹：通"挟"，指剑把。

⑯常山：即北岳恒山。

⑰制：制约，管理。五行：金木水火土。

⑱刑德：刑律与德教。

⑲直：向前直刺。无前：前无所阻。

⑳案：通"按"。

纪连海谈  庄子

㉑决：裂，割开。

㉒绝：斩断。地纪：地维，指大地的四角。

㉓匡：正。

㉔芒然：茫然。

㉕知勇：智勇。

㉖法：效法。三光：日、月、星辰。

㉗四乡：四方。

㉘封：封疆，疆界；"四封"亦即四境。

㉙宾服：古代诸侯按时纳贡朝见天子以表示臣服，这里讲作归服。

㉚薄：鄙薄，不应看重。

㉛三环之：绕着坐席绕了三圈。

㉜服：伏。"服毙"犹言自杀。

纪老师说

赵文王喜好剑术，好剑者蜂拥而至门下食客三千余人，在赵文王面前日夜相互比试剑术，死伤的剑客每年都有百余人，而赵文王喜好击剑从来就不曾得到满足。像这样过了三年，国力日益衰退，各国诸侯都在谋算怎样攻打赵国。太子悝十分担忧，征求左右近侍说："谁能够说服赵王停止比试剑术，赠予他千金。"左右近侍说："只有庄子能够担当此任。"

太子于是派人携带千金厚礼赠送给庄子。庄子不接受，跟随使者一道，前往会见太子说："太子有什么见教，赐给我千金的厚礼？"太子说："听说先生通达贤明，谨此奉上千金用以犒赏从者。先生不愿接受，我还有什么可说的！"庄子说："听说太子想要用我，意欲断绝赵

王对剑术的爱好。假如我对上游说赵王却违反了赵王的心意,对下也未能符合太子的意愿。那也就一定会遭受刑戮而死去,我还哪里用得着这些赠礼呢?假如我对上能说服赵王,对下能合于太子的心愿,在赵国这片土地上我希望得到什么难道还得不到!"太子说:"是这样。父王的心目中,只有击剑的人。"庄子说:"好的,我也善于运用剑术。"太子说:"不过父王所见到的击剑人,全都头发蓬乱、鬓毛突出、帽子低垂,帽缨粗实,衣服紧身,瞪大眼睛而且气喘语塞,大王竟喜欢见到这样打扮的人。如今先生一定是穿儒服去会见赵王,事情一定会弄糟。"庄子说:"请让我准备剑士的服装。"三天以后剑士的服装裁制完毕,于是面见太子。太子就跟庄子一道拜见赵王,赵王解下利剑等待着庄子。

庄子不急不忙地进入殿内,见到赵王也不行跪拜之礼。赵王说:"你想用什么话来开导我,而且让太子先作引荐。"庄子说:"我听说大王喜好剑术,特地用剑术来参见大王。"赵王说:"你的剑术怎样能遏阻剑手、战胜对方呢?"庄子说:"我的剑术,十步之内可杀一人,行走千里也不会受人阻留。"赵王听了大喜,说:"天下没有谁是你的对手了!"

庄子说:"击剑的要领是有意把弱点显露给对方,再用有机可乘之处引诱对方,后于对手发起攻击,同时要抢先击中对手。希望有机会能试试我的剑法。"赵王说:"先生暂回馆舍休息等待通知,我将安排好击剑比武的盛会再请先生出面比武。"赵王于是用七天时间让剑士们比武较量,死伤六十多人,从中挑选出五六人,让他们拿着剑在殿堂下等候,这才召见庄子。赵王说:"今天可让剑士们跟先生比试剑术了。"庄子说:"我已经盼望很久了。"赵王说:"先生所习惯使用的宝剑,长短怎么样?"庄子说:"我的剑术长短都适应。不过我有三种剑,任凭大王选用,请让我先做些说明然后再行比试。"

赵王说:"愿意听听你介绍三种剑。"庄子说:"有天子之剑,有诸侯之剑,有百姓之剑。"赵王说:"天子之剑怎么样?"庄子说:"天子之剑,拿燕谿的石城山做剑尖,拿齐国的泰山做剑刃,拿晋国和卫国做剑脊,拿周王畿和宋国做剑环,拿韩国和魏国做剑柄;用中原以外的四境来包扎,用四季来围裹,用渤海来缠绕,用恒山来做系带;靠五行来统驭,靠刑律和德教来论断;遵循阴阳的变化而进退,遵循春秋的时令而持延,遵循秋冬的到来而运行。这种剑,向前直刺一无阻挡,高高举起无物在上,按剑向下所向披靡,挥动起来旁若无物,向上割裂浮云,向下斩断地纪。这种剑一旦使用,可以匡正诸侯,使天下人全都归服。这就是天子之剑。"赵文王听了若有所失,说:"诸侯之剑怎么样?"庄子说:"诸侯之剑,拿智勇之士做剑尖,拿清廉之士做剑刃,拿贤良之士做剑脊,拿忠诚圣明之士做剑环,拿豪杰之士做剑柄。这种剑,向前直刺也一无阻挡,高高举起也无物在上,按剑向下也所向披靡,挥动起来也旁若无物;对上效法于天而顺应日月星辰,对下取法于地而顺应四时序列,居中则顺和民意而安定四方。这种剑一旦使用,就好像雷霆震撼四境之内,没有不归服而听从国君号令的。这就是诸侯之剑。"赵王说:"百姓之剑又怎么样呢?"庄子说:"百姓之剑,全都头发蓬乱、鬓毛突出、帽子低垂,帽缨粗实,衣服紧身,瞪大眼睛而且气喘语塞。相互在人前争斗刺杀,上能斩断脖颈,下能剖裂肝肺,这就是百姓之剑,跟斗鸡没有什么不同,一旦命尽气绝,对于国事就什么用处也没有。如今大王拥有夺取天下的地位却喜好百姓之剑,我私下认为大王应当鄙薄这种做法。"

于是赵文王领着庄子来到殿上。厨师献上食物,赵王绕着坐席惭愧地绕了三圈。庄子说:"大王安坐下来定定心气,有关剑术之事我已启奏完毕。"于是赵文王三月不出宫门,剑士们都在自己的住处自刎而死。

《说剑》一文,简直就是一篇奇妙的小说,文章有情节有人物,对白流畅语言精炼,在整部庄子里真是别具一格。庄子用说剑说服赵文王,谏止他整天与剑士为伍,不理朝政,致使三年国衰的故事。而且,给我们的启示还特别多。

楚王好细腰,后宫多饿死。赵王喜好看人击剑,以至于荒废国事。看得出,一位君主的喜好的好坏,决定了这个国家政事的好坏,君主沉湎于游乐,那么群臣吏民效仿,政事则无人办理;君主勤政爱民,则群臣吏民效仿,政事通达,国泰民安。这就告诉我们,领导干部要起好带头作用,把精力用在为百姓谋利益上,才能无愧于一个领导者的称号。

庄子应赵国太子之邀来劝谏赵王,他巧妙的以剑士身份接近赵王,博得赵王好感。这告诉我们,在与人交往,特别是诸如谈判、劝谏等活动上,要注意策略,研究对手心理,以易于对方接受的形象出现,留下好的第一印象。而第一印象的好坏也决定了接下来活动的成败。

庄子用天子之剑、诸侯之剑、庶人之剑的比喻,循序渐进,既阐述了君王应有的喜好,也批评了赵王的本末倒置。庄子不用一拳一脚,不刺不挑,不举不按,凭三寸不烂之舌,阻止赵文王整天像喜欢斗鸡一样喜欢斗剑,是大智慧。庄子以斗鸡来结尾,其实有着对剑士们最为形象的描绘了。这个对鸡的描写,把庶人之剑与剑士的形象联系起来,似乎那些剑士们就是在斗着的鸡,有着鸡冠,如同鸡竖起羽毛,呵呵,那些剑士们其实就是鸡的模样了!这体现出庄子高超的辩论技艺,我们在生活中也要学习"故布疑阵,引人入套"的辩论技巧。

渔 父

原文

　　孔子游于缁帷之林①,休坐乎杏坛之上②。弟子读书,孔子弦歌鼓琴。奏曲未半,有渔父者③,下船而来,须眉交白④,被发揄袂⑤,行原以上⑥,距陆而止⑦,左手据膝⑧,右手持颐以听⑨。曲终而招子贡子路,二人俱对。

　　客指孔子曰⑩:"彼何为者也?"子路对曰:"鲁之君子也。"客问其族⑪。子路对曰:"族孔氏。"客曰:"孔氏者何治也⑫?"子路未应,子贡对曰:"孔氏者,性服忠信⑬;身行仁义,饰礼乐⑭,选人伦⑮,上以忠于世主,下以化于齐民⑯,将以利天下。此孔氏之所治也。"又问曰:"有土之君与?"子贡曰:"非也。""侯王之佐与?"子贡曰:"非也。"客乃笑而还,行言曰⑰:"仁则仁矣,恐不免其身⑱;苦心劳形以危其真⑲。呜呼,远哉其分于道也⑳!"

注释

　　①缁(zī)帷:林木繁茂,蔽日如同帷幕。

　　②杏坛:长有许多杏树的水泽中的高地。

　　③渔父(fǔ):捕鱼的老人。

　　④本句"须"字亦作"鬓","交"字亦作"皎"。"交白"是说俱白。

⑤被（pī）：通"披"。揄（yú）袂：扬起衣袖。

⑥行原：沿着岸边。以：而。

⑦距：至。陆：这里指地势较高的平地。

⑧据：抱。

⑨持颐：托着下巴。

⑩客：指渔父。

⑪族：姓氏。

⑫何治：钻研、精通什么。

⑬服：内心折服，执意信守。

⑭饰：修治。

⑮选：排列、制定。

⑯齐民：平民。

⑰行言：即"行且言"，边走边说。

⑱本句语意有所隐含，"不免"是说不能免遭祸患。

⑲真：本真，纯真的天性。

⑳分：离。

原文

子贡还，报孔子。孔子推琴而起曰："其圣人与！"乃下求之，至于泽畔，方将杖拏而引其船①，顾见孔子②，还乡而立③。孔子反走④，再拜而进。

客曰："子将何求？"孔子曰："曩者先生有绪言而去⑤，丘不肖⑥，未知所谓，窃待于下风⑦，幸闻咳唾之音以卒相丘也⑧！"客曰："嘻！甚矣子之好学也！"孔子再拜而起曰："丘少而脩学，以

至于今，六十九岁矣，无所得闻至教，敢不虚心！"

客曰："同类相从，同声相应，固天之理也。吾请释吾之所有而经子之所以⑨。子之所以者，人事也。天子诸侯大夫庶人，此四者自正，治之美也，四者离位而乱莫大焉。官治其职，人忧其事⑩，乃无所陵⑪。故田荒室露，衣食不足，征赋不属⑫，妻妾不和，长少无序，庶人之忧也；能不胜任，官事不治⑬，行不清白，群下荒怠，功美不有⑭，爵禄不持，大夫之忧也；廷无忠臣，国家昏乱⑮，工技不巧，贡职不美⑯，春秋后伦⑰，不顺天子，诸侯之忧也；阴阳不和，寒暑不时，以伤庶物⑱，诸侯暴乱，擅相攘伐⑲，以残民人，礼乐不节，财用穷匮⑳，人伦不饬㉑，百姓淫乱，天子有司之忧也㉒。今子既上无君侯有司之势而下无大臣职事之官，而擅饰礼乐㉓，选人伦，以化齐民，不泰多事乎㉔！"

"且人有八疵㉕，事有四患，不可不察也。非其事而事之，谓之摠㉖；莫之顾而进之，谓之佞㉗；希意道言㉘，谓之谄；不择是非而言，谓之谀㉙；好言人之恶，谓之谗㉚；析交离亲㉛，谓之贼㉜；称誉诈伪以败恶人㉝，谓之慝㉞；不择善否㉟，两容颊适㊱，偷拔其所欲㊲，谓之险。此八疵者，外以乱人，内以伤身，君子不友，明君不臣。所谓四患者，好经大事㊳，变更易常，以挂功名㊴，谓之叨㊵；专知擅事㊶，侵人自用，谓之贪；见过不更，闻谏愈甚，谓之很㊷；人同于己则可，不同于己，虽善不善，谓之矜㊸。此四患也。能去八疵，无行四患，而始可教已。"

注释

①杖：持。挐：通"橈（櫓）"，即船桨。引：引发，划开。

②顾：回头。

③还（xuán）：通"旋"，掉转船头。乡（鄉）：向，相对；这个意义后代写作"嚮"，今又简化为"向"。

④反走：向后退行数步以表示谦敬的态度。

⑤曩：以往，先前。绪言：绪余之言，"有绪言"犹如今天讲，留下了话尾，没有把话说尽。

⑥不肖：不好。

⑦待：亦作"侍"。下风：即下方，表示处于谦卑的地位。

⑧咳唾之音：喻指随意谈吐。卒：终。相：助。

⑨释：说解。经：理，引申为分解、剖析之义。所以：所为；下同此解。

⑩忧：有的版本作"处"。

⑪陵：乱，相互侵扰。

⑫属：继；"不属"是说不能按时缴纳。

⑬官事：职分以内的事。

⑭功美：功绩和美名。

⑮古代"国家"是两个概念，诸侯叫国，卿大夫叫家，都是指封邑采地而说的。

⑯贡职：即贡赋。

⑰春秋：古代诸侯春天朝见天子叫"朝"，秋天朝见天子叫"觐"，这里"春秋"实乃代指"朝觐"。"后伦"是说落在同列诸侯之后。

⑱庶：众多，"庶物"犹言万物。

⑲攘：侵夺，侵犯。

⑳匮（kuì）：匮乏，缺少。

㉑饬（chì）：整顿。

㉒有司：有关主管的官吏。

㉓饰：修治。

㉔泰：太。

㉕疵：毛病，缺点。

㉖摠（zǒng）：通"总（總）"，包揽的意思。

㉗佞：用花言巧语讨好人。

㉘希：仰慕，迎合。道：导引，顺着。

㉙谀：阿谀奉承。

㉚谗：背下说人坏话。

㉛析：分开，离间。

㉜贼：毁坏、伤害。

㉝败恶：毁败。

㉞慝（tè）：奸邪。

㉟否（pǐ）：坏；这个意义后代写作"痞"。

㊱容：容受。颊：面颊。

㊲偷：暗。拔：取。

㊳经：理。

㊴挂：钓取。

㊵叨：贪。

㊶知：智。擅：专，独揽。

㊷很：执拗，不能听取劝告。

㊸矜：矜持，自以为能。

原文

孔子愀然而叹①，再拜而起曰："丘再逐于鲁②，削迹于卫，伐树于宋，围于陈蔡。丘不知所失，而离此四谤者何也③？"客凄然变容曰："甚矣子之难悟也！人有畏影恶迹而去之走者④，举足愈数而迹愈多⑤，走愈疾而影不离身，自以为尚迟⑥。疾走不休，绝力而死。不知处阴以休影⑦，处静以息迹，愚亦甚矣！子审仁义之间，察同异之际⑧，观动静之变，适受与之度⑨，理好恶之情，和喜怒之节，而几于不免矣⑩。谨脩而身⑪，谨守其真⑫，还以物与人⑬，则无所累矣。今不脩之身而求之人⑭，不亦外乎⑮！"

孔子愀然曰："请问何谓真？"客曰："真者，精诚之至也。不精不诚，不能动人。故强哭者虽悲不哀，强怒者虽严不威，强亲者虽笑不和。真悲无声而哀，真怒未发而威，真亲未笑而和。真在内者，神动于外，是所以贵真也⑯。其用于人理也⑰，事亲则慈孝⑱，事君则忠贞，饮酒则欢乐，处丧则悲哀。忠贞以功为主，饮酒以乐为主，处丧以哀为主，事亲以适为主。功成之美，无一其迹矣。事亲以适，不论所以矣⑲；饮酒以乐，不选其具矣⑳；处丧以哀，无问其礼矣。礼者，世俗之所为也；真者，所以受于天也，自然不可易也。故圣人法天贵真㉑，不拘于俗。愚者反此。不能法天而恤于人㉒，不知贵真，禄禄而受变于俗㉓，故不足。惜哉，子之蚤湛于人伪而晚闻大道也㉔！"

孔子又再拜而起曰："今者丘得遇也，若天幸然㉕。先生不羞而比之服役㉖，而身教之。敢问舍所在㉗，请因受业而卒学大道㉘。"客曰："吾闻之，可与往者与之㉙，至于妙道㉚；不可与往者，不知其道，慎勿与之，身乃无咎㉛。子勉之！吾去子矣，吾去子矣！"乃刺船而去㉜，延缘苇间㉝。

纪连海谈

注释

①愀（qiǎo）然：凄凉悲伤的样子。

②连续以下四句写孔子周游列国时的厄运，已多次见于《山木》《天运》《盗跖》等篇目，不再注出。

③离：通"罹"，遭受的意思。谤：诋毁。

④去：避离。走：跑。

⑤数：频繁。

⑥迟：迟缓，慢。

⑦处：止，停留。下句同此解。阴：暗。

⑧际：分界。

⑨度：度量，"适……度"是说"掌握……分寸"。

⑩不免：不免于祸，这里语意有所隐含。

⑪而：你。

⑫真：本真，纯朴的自然本性。

⑬还：归还；"还以物与人"意思是让物与人都返归自然。

⑭本句亦作"今不修身而求之于人"，语意更为畅达。

⑮外：注重外在的东西，言外之意是说颠倒了本末。

⑯贵真：以真为贵，看重纯真的本性。

⑰人理：人伦。

⑱慈：敬爱；"慈孝"即竭尽孝心。

⑲不论所以：不必考虑使用什么方法。

⑳具：就餐的工具。

㉑法天：效法自然。

㉒恤：忧心。

㉓禄禄：即"碌碌"，急急忙忙而又无所作为。

㉔蚤：通"早"。湛（chén）：通"沉"，沉溺的意思。人伪：世俗的伪诈，这里指虚伪的礼仪；有的版本"伪"字之前无"人"字。

㉕天幸：上天的宠幸。

㉖服役：仆从，这里指代弟子。

㉗舍所在：住处在哪里，即居住的地点。

㉘因：循，借此。卒学：最终学成。

㉙往者：指迷途知返的人。

㉚妙道：玄妙的大道。

㉛咎：灾祸。

㉜刺船：撑船。

㉝延：伸展。缘：顺着。

原文

颜渊还车，子路授绥①，孔子不顾，待水波定，不闻挐音而后敢乘②。

子路旁车而问曰③："由得为役久矣④，未尝见夫子遇人如此其威也。万乘之主，千乘之君，见夫子未尝不分庭伉礼⑤，夫子犹有倨敖之容⑥。今渔父杖挐逆立⑦，而夫子曲要磬折⑧，言拜而应，得无太甚乎？门人皆怪夫子矣，渔人何以得此乎？"孔子伏轼而叹曰⑨："甚矣由之难化也！湛于礼仪有间矣⑩，而朴鄙之心至今未去⑪。进，吾语汝！夫遇长不敬，失礼也；见贤不尊，不仁也。彼非至人，不能下人⑫，下人不精⑬，不得其真，故长伤身。惜哉！不仁之于人也，祸莫大焉，而由独擅之⑭。且道者，万物之所由也，庶物失之者死⑮，得之

229

者生,为事逆之则败,顺之则成。故道之所在,圣人尊之。今渔父之于道,可谓有矣,吾敢不敬乎!"

注释

①绥:登车时拉着上车的绳子。

②挐:通"拏(橹)",即船桨。

③旁(bàng):依,靠着,这个意义后代写作"傍"。

④役:侍役,指弟子;"为役"即为你效劳,做你的弟子。

⑤伉:对。"分庭伉礼"即分处庭中,相对设礼,指宾主平等对待。"伉"字后写作"抗"。

⑥倨傲:傲慢。

⑦逆立:对着站立。

⑧要(yāo):腰。磬(qìng):石磬。"曲要磬折"是说像石磬一样弯腰鞠躬。

⑨轼:车前的横木。

⑩湛:通"沉"。有间:有了一段时间。

⑪朴鄙:这里含有贬义,粗野愚昧的意思。

⑫下人:使人谦下。

⑬"下人不精"意思是指对人谦下却不能做到至精至诚。

⑭擅:专有。

⑮庶:众多。

纪老师说

人之所以称为人,在于人类可以创造文明,而文明说到底不过是一种积累与传递。每一代长者都把其积累的经验和知识传给下一代，才有了人类的今天。

所以，青少年学生应该养成谦虚礼貌的好品德、好习惯，学会尊敬老师、尊重知识、尊重人才。只有这样，他们才能从长者手里学到知识与本领，使其继承、发扬。教育是传播知识、创新知识、传递文明、培养人才的有组织、有目的的活动，是崇高的社会公益事业。全社会重视支持教育事业，这是国家文明的重要的标志。全社会应当教育青少年学生尊师重教，通过尊师来更好的学习知识，学会做人，长大后，在各条战线上成为一名尊师重道的劳动者和接班人。

然后说庄子的故事。

孔子遇渔父，发生在庄子的笔下，肯定不是孔子的真正遭遇，然而，就文化的角度而言，却是非常真实的，因为这是两种不同思想的碰撞，道家和儒家的对决，由此产生智慧的火花。

话说孔丘老师某天下午，正在露天学堂上课，忽然觉得有点累，于是命令同学们读书自习，他自己则在音乐室弹弹琴，调剂一下心情，"弟子读书，孔子弦歌鼓琴"。于是，渔父出现了。还是那句老话，在中国的文化文学史上，一旦出现渔父，那肯定有大事。

当时的教室是露天的，头发半白的渔父坐在隔孔子不远的地方，听孔老师弹琴，听着听着，听出了孔子内心的波动，于是问子路同学："你们老师是干吗的？"子路说："我们老师可了不得了，天文地理全通晓，负责培养人们各种各样的美德，要做一个有利于天下的人，'将以利天下'。"渔父听了，没有半点表示敬仰的意思，反而淡淡一笑，说："孔老师保重，太辛苦了。小心消耗自己的元气，伤害自己真正的灵魂。"然后说声再见，驾船就走。

纪连海谈 庄子

孔老师弹琴也不是那么专注，一听这话，就说："今儿个咱遇到牛人了，不能放过。"他马上推开琴迈开大步沿着江水就追，气喘吁吁地在江边追上了，渔父其实也不是跑得那么快，撑着船在等着他呢。

孔子逮着一个不相干的渔父，滔滔不绝地说出自己的苦闷，周游列国要实现抱负，却像贼一般四处被驱赶，饿也挨过，苦也吃过，还差点把命丢了，我这样积极有为的五好青年，这又是何苦呢？

渔父嘲笑道："孔先生，你的苦恼不就是和影子赛跑吗？一个傻子要逃脱影子的控制，于是拼命奔跑，越跑影子越跟得紧，最后活活把人累死。其实方法很简单，走到树影底下，影子不就没了吗？

孔子似乎明白了，站在那里，等渔父走远，学生们追上来时，还久久地不能回过神来。

孔子之所以成为两千多年来中华民族敬仰的一位尊师重教的思想家、教育家，与他虚心好学、尊重知识的品行是有内在关系的。圣人修养在于平时点滴的积累，"三人之行，必有我师"。无论是国君、诸侯、官员、士人、商人，抑或是凡夫乃至农民渔夫，只要有一见之识，就必须给予尊重。

庄子的《渔夫》虽然有扬道抑儒之嫌，却是表现孔子尊师重教的一个范例。《庄子·渔父》中渔父的形象，是在与孔子及其弟子对话中显现的，其所言的主旨，在于指出孔子的不足——说孔子不在其位而谋其政，说他提倡仁义、礼乐、忠信、伦理思想，乃是"苦心劳形，以危其真"，主张应该提倡道家的"法天贵真"、返归自然。孔子弟子对渔父所言并不十分理解，但孔子闻其言后非常明白，他幸运地感到自己遇上了圣人，听到了圣人一番让人茅塞顿开的说教。同时，庄子也阐述了人应以一种闲适的心情去生活而不是整日陷在功名利禄当中的人生态度。

唐代的韩愈说："举世不师，故道益离，"他认为只有尊师重道，整个社会才能按照"道统"的方向顺利发展。宋代的苏轼说："斯文有传，学者有师，"认为教师对于发展文化，培养人才具有重要的作用。由于历代提倡尊师重教、尊师敬长，古代流传下来这方面的故事许许多多。如子贡尊师、魏照尊师、李世民教子尊师、张良拜师、陆佃千里求师等。这些故事生动形象地记叙了莘莘学子不辞劳苦、虔诚拜师的历程，也展示了师者德高望重，悉心育人，传道授业的崇高的思想境界。

"程门立雪"是个家喻户晓的成语，它出自北宋著名理学家杨时求学的故事。据说，杨时是将乐县人，四岁入村学习，七岁就能写诗，八岁就能作赋，人称神童。他十五岁时攻读经史，熙宁九年登进士榜。有一年，杨时任赴浏阳县令途中，不辞劳苦，绕道洛阳，拜著名理学家、教育家程颐为师。时值冬季的一天，杨时因与学友游酢在对某问题有不同看法，为求正解而一起到老师家请教。他们顶着凛冽寒风来到程颐家时，恰逢先生坐在炉旁打坐养神。杨时二人不敢惊动打扰老师，就恭恭敬敬侍立在门外，等候先生醒来。过了良久，程颐一觉醒来，从窗口发现侍立在风雪中的杨时和游酢，只见他们通身披雪，脚下的积雪已一尺多厚了，赶忙起身迎他俩进屋。此后，"程门立雪"的故事就成为尊师重道的千古美谈。

从庄子笔下的孔子对待渔父的态度和程门立雪的故事，我们可以看出，尊师重道是中华民族传统美德的重要规范。其本质是尊重知识、尊重教育、尊重人才。对年轻学生进行尊师重道教育，这绝对是人类生存、发展和社会文明进步的需要。

列御寇

原文

　　列御寇之齐①，中道而反②，遇伯昏瞀人③。伯昏瞀人曰："奚方而反④？"曰："吾惊焉。"曰："恶乎惊⑤？"曰："吾尝食于十浆⑥，而五浆先馈⑦。"伯昏瞀人曰："若是，则汝何为惊已？"曰："夫内诚不解⑧，形谍成光⑨，以外镇人心⑩，使人轻乎贵老，而其所患。夫浆人特为食羹之货⑪，无多余之赢⑫，其为利也薄，其为权也轻⑬，而犹若是，而况于万乘之主乎！身劳于国而知尽于事，彼将任我以事而效我以功⑭，吾是以惊。"伯昏瞀人曰："善哉观乎！女处己⑮，人将保女矣⑯！"

　　无几何而往⑰，则户外之屦满矣⑱。伯昏瞀人北面而立，敦杖蹙之乎颐⑲，立有间，不言而出。宾者以告列子⑳，列子提屦，跣而走㉑，暨乎门㉒，曰："先生既来，曾不发药乎㉓？"曰："已矣㉔，吾固告汝曰人将保汝，果保汝矣。非汝能使人保汝，而汝不能使人无保汝也，而焉用之感豫出异也㉕！必且有感摇而本才㉖，又无谓也㉗。与汝游者又莫汝告也㉘，彼所小言㉙，尽人毒也；莫觉莫悟，何相孰也㉚！巧者劳而知者忧，无能者无所求，饱食而敖游㉛，汎若不系之舟㉜，虚而敖游者也㉝。"

> 注释

①列御寇：列子。之：往。

②反：返。

③伯昏瞀人：传说中的隐士。

④奚方：故；"奚方"亦即何故。

⑤恶（wū）：何。

⑥浆：饮料；这里指卖饮料的人家。"浆"字亦作"餐"，义同。

⑦馈：赠送，送给。

⑧解：化解，解脱。

⑨渫（xiè）：通"渫"，疏通于外的意思。

⑩镇：服。

⑪特：但，只。货：出售。

⑫一本无"无"字，但本句有"无"字语义顺畅些。

⑬权：权衡、考虑，指先送饮料来的内心打算。

⑭效：验。

⑮处己：安处自身。

⑯保：聚守，引申为依附的意思。

⑰无几何：没有过多久。

⑱户外：门外。屦：鞋；"屦满"说明来列御寇家的人很多。

⑲敦：竖。蹙：抵着。颐：下巴。

⑳宾者：亦作"傧者"，接待、裹报的人员。

㉑跣（xiǎn）：光着脚。走：跑。

㉒暨：及，至。

㉓曾：乃，竟。发药：开发药方是为了疗治疾病，这里喻指批评疏

导，使自己改正错误。

㉔已：止。

㉕焉：何。之：此，指代显迹于外的做法。豫：预先。

㉖感摇：撼动，这个意义后代写作"撼"。才：语气词，用同"哉"。

㉗无谓：犹言"无奈"。

㉘莫汝告：没有谁提醒告诫你。

㉙小言：细巧迷惑的言辞。

㉚孰：审视、详察；这个意义后代写作"熟"。"何相孰"是说怎么能彼此相互审视详察。

㉛敖游：即遨游；下同。

㉜汎；"泛"字之异体。

㉝虚：心境空宁，毫无拘系。

纪老师说

郑国的列御寇，就是列子同学，他独自东去齐国旅游。半路上向后转，折回郑国，城外遇见隐士伯昏瞀人。伯昏瞀人深感意外，问："怎么又回来啦？旅途有妨碍，国境戒严了？"

列子说："太可怕啦。"

伯昏瞀人问："怕啥？"

列子说："路上十家粥店，五家不收钱，硬要招待我。"

伯昏瞀人间："白吃白喝，有啥可怕？"

列子说："满腹文采作怪，一脸神光照人，吓慑了卖粥的，不敢不额外的敬老尊贤呀。这样招摇过市，会给自己惹麻烦的。可怜那些店主,路边搭个草棚,豆浆面茶黄米粥,小本经营,赚一点点蝇头微利,无权无势,可都晓得敬老是仁啦尊贤是义啦什么的,何况那权势赫赫的齐国国王!他是昏君那就好了,可惜不是。据说他很英明,日夜操劳国家大事,极有见识。他很可能拉我做官,逼我卖力。天哪,我怕的正是这个!"

伯昏瞀人点头说:"妙,妙。高见,高见。满腹文采霸气外露,你就躲了,别人也会撞上门来。"

列子回到家中,继续著书,不敢再想旅游。

几天以后,伯昏瞀人去看列子,走进大门就发现客厅外摆满皮靴麻履草鞋,厅内人声嘈杂,喧宾夺主。伯昏瞀人站在厅外向内探望,不愿进去,下颏搁在拐杖龙头,侧耳倾听。听了片刻,全是空话,便悄悄离去了。

客厅内有来宾眼睛尖,看见客厅外伯昏瞀人来了又走了,便告诉列子。列子跨出客厅,提起鞋子顾不得穿,慌慌张张地光着脚板追到大门,挽留伯昏瞀人,说:"先生既然光临,怎能不赐教呀。"

伯昏瞀人说:"还有什么可讲的呢。我早就提醒你,他们会撞上门。果然,一窝马蜂似地扑到你家来了。你别得意。这绝非因为你有魅力吸引宾客登门瞻仰,而是因为你太无能,你没有本领使别人不撞上门来。谁叫你逗人爱,大出其风头哟?谁也没有叫你,是你自己摇动树身,弄得枝叶哗哗响,这就太没意思了。挤在客厅内的那些家伙不会对你有所忠告,他们甜言蜜语,句句含有毒素。你却不醒不悟,竟同他们混熟。逗人爱的智巧,你要丢掉才好。愈巧愈劳苦,多智多忧愁,忘巧忘智,让他们笑你无能吧,无能又怎样,无能的人无所求。做一个逍遥的无能者,三餐饱肚,四方旅游。小船漂泊人海,不靠谁家码头。道心

虚寂，跃入玄境，最美妙的精神享受。

这个片段，是通过伯昏瞀人与列御寇的对话，告诫人们不要显迹于外。人们之所以不能忘我，是因为他们始终不能忘外，"无能者无所求"，无所求的人才能虚己而遨游。

不要显迹于外，可以简单地理解为低调做人。

做人要低调是一种智慧，山不解释自己的高度，但它能拨开云雾见青天。海不解释自己的深度，但它有容纳百川的广大。地不解释自己的厚度，但它能滋养万物的生长。你不用去显示自己有什么，自己有多大能耐，所有人都会用自己的双眼去观察，反而你越去炫耀什么，就越证明你内心缺少什么，低调做人，用平常的心态来看待生活中的万事万物。

历史上石崇斗富的故事，说得是在晋朝，石崇曾与晋武帝的舅父王恺以奢靡相比：王恺饭后用糖水洗锅，石崇便用蜡烛当柴烧；王恺做了四十里的紫丝布步障，石崇便做五十里的锦步障。晋武帝暗中帮助王恺，赐了他一株珊瑚树，高二尺许，世所罕见。王恺向石崇炫耀，不料石崇挥起铁如意，将珊瑚树打得粉碎，然后一笑置之："别心疼，我赔你就是。"便命左右取来六七株珊瑚树，个个皆高三四尺，比王恺那株强多了。王恺只好认输，两只脚抹油走人，连击碎的珊瑚树也不要了。

石崇这么张扬，后人记住的是他的炫富，却都忽略了石崇其实是一个当时走红的作家。石崇的文采并不输给他人，甚至相当出众。他写的《思归叹》，"落叶飘兮枯枝竦，百草零落兮覆畦垄。时光逝兮年易尽，感彼岁暮兮怅自愍。廓羁旅兮滞野都，愿御北风兮忽归徂……超逍遥兮绝尘埃，福亦不至兮祸不来"，万物凋零，时光亦倏忽而逝，人生在世，实在是有太多束缚了，只希望能够绝尘逍遥，无悲无喜，亦没有福祸相依。感伤之情流于其间,辞理十分动人。他所做的《金谷诗序》也深为后世称道:"各赋诗以叙中怀,或不能者,罚酒三斗。感性命之不永,惧凋落之无期,故具列时人官号、姓名、年纪,又写诗著后。后之好事者,其览之哉"。

  石崇的文采这么高,为什么后人记住的是他的炫富呢?原因很简单,他做人太张扬,太高调,太不把人放在眼里。

纪连海谈 庄子

原文

郑人缓也呻吟裘氏之地①，祗三年而缓为儒②，河润九里③，泽及三族④，使其弟墨⑤。儒墨相与辩，其父助翟⑥，十年而缓自杀。其父梦之曰："使而子为墨者予也⑦。阖胡尝视其良⑧，既为秋柏之实矣？"夫造物者之报人也⑨，不报其人而报其人之天⑩。彼故使彼。夫人以己为有以异于人以贱其亲⑪，齐人之井饮者相捽也⑫。故曰今之世皆缓也。自是⑬，有德者以不知也⑭，而况有道者乎！古者谓之遁天之刑⑮。

圣人安其所安，不安其所不安⑯；众人安其所不安，不安其所安。

庄子曰："知道易，勿言难⑰。知而不言，所以之天也⑱；知而言之，所以之人也⑲。古之人⑳，天而不人。"

朱泙漫学屠龙于支离益㉑，单千金之家㉒，三年技成而无所用其巧。

圣人以必不必㉓，故无兵㉔；众人以不必必之，故多兵；顺于兵㉕，故行有求。兵，恃之则亡。

小夫之知㉖，不离苞苴竿牍㉗，敝精神乎蹇浅㉘，而欲兼济道物㉙，太一形虚㉚。若是者，迷惑于宇宙，形累不知太初。彼至人者，归精神乎无始㉛，而甘冥乎无何有之乡㉜。水流乎无形，发泄乎太清㉝。悲哉乎！汝为知在毫毛㉞，而不知大宁㉟。

注释

①缓：人名。呻吟：吟咏，诵读。裘氏：地名。

②祇（zhǐ）：只。

③河润：像河水滋润两岸的土地。九里：非实指，极言地方广远。

④泽及：惠泽施及。三族：父族、母族、妻族。

⑤墨：这里用作动词，指使……成为墨家学人。

⑥翟：墨翟，旧注称"翟"为缓的弟弟。

⑦而：你；"而子"即你的儿子。

⑧阖：句首语气词。胡：何，怎么不。良（làng）：亦作"埌"，指坟堆。

⑨造物者：即自然。报：给予，成就。

⑩不报其人：不赋予人为，即不成就人的才智与能力。

⑪夫人：指缓。贱其亲：轻侮他的父亲，这里指托梦指责他的父亲。

⑫捽（zuó）：抓扯，扭打。

⑬自是：自以为是这样。

⑭以：用同"已"。不知：不知道有这样的情况。

⑮遁：乖背。

⑯所不安：指人为的安排。

⑰"道"本是无心而又自然的，要加以言谈、议论，则是用有心来对待"道"，所以这里说了解"道"容易，不加评论则很困难。

⑱所以之天：指通往自然境界的途径。

⑲人：人为。

⑳本句有的版本"人"字之前有一"至"字。

㉑朱泙（pēng）漫、支离益：均为杜撰的人名。屠龙：喻指学道，可以体悟而不可言传、评论。

㉒单：通"殚"，耗尽的意思。

㉓以：认为。必：必然，指不可移易的道理；"以必不必"是说，已经认为是不可移易的也不固执己见。

㉔兵：争战，军事行动，这里喻指纷争，下同此解。

㉕顺：听任，曲从。

㉖小夫：匹夫。知：智。

㉗苞苴：古人用以馈赠的礼物。竿牍：竹简，古人常用来作为赠答之物。"不离苞苴竿牍"，是说不离赠与酬答。

㉘敝：疲累，耗费。塞浅：浅薄之事。

㉙道：亦作"导（導）"疏导的意思。

㉚太一：太初，太初之时天地未分，元气混沌。

㉛无始：指还未形成万物的混沌状态。

㉜冥：有的版本作"瞑"，而"瞑"与"眠"通。

㉝太清：太虚，指清虚宁寂之境。

㉞汝：指代上述"小夫"之人。知：智。

㉟大宁：大安，即自然，无为。

纪老师说 ● ● ●

郑国有个读书人，名缓。缓离开故乡，考入一所儒家办的大学，三年毕业后，取得儒家教师资格证书。他回乡办学，招收附近九村亲戚家的子弟，培养他们成为儒生。缓安排弟弟读墨家办的大学。弟弟学成后，常常与哥哥论战。每次冲突，郑老太爷总是站在老二这边，批判老大缓。家中墨风压倒儒风冲突十年，后来缓神经脆弱就自杀了。缓死后，托梦给老爹说："老二投靠墨家，是我一手造成的。我这是自作自受哟！看看我的坟墓吧，楸树柏树结满了苦果哟！"

庄子认为，造物者所给予人们的是自然本性，不是才智和能力。缓的弟弟具备了墨家的禀赋因而能使他成为墨家学人。缓认为自己有与众不同的地方，轻侮他的父亲。古时候人们称这种贪天之功的做法是违背自然规律而受到刑戮。像缓这样的人违抗了大自然，犯有重罪，判处死刑，或自己执行，或假手他人。古人说的逆天判刑，便是如此。

庄子说："了解道容易，不去谈论却很困难。了解了道却不妄加谈论，这是通往自然的境界；了解了道却信口谈论，这是走向人为的尘世。古时候的人，体察自然而不追求人为。"

朱泙漫向支离益学习屠龙的技术，耗尽了千金的家产，三年后学成技术却没有什么机会可以施展这样的技巧。

圣哲的人对于必然的事物不与人持拗，所以总是没有争论；普通人却把非必然的东西看作必然，因而总是争论不休。曲从于纷争，总是因为一举一动都有所追求，纷争，依仗于它到头来只会自取灭亡。

世俗人的聪明做法，离不开赠与酬答，在浅薄的事情上耗费精神，一心想着兼济天下疏导万物，满以为这就可以达到混沌初开、物我相融的境界。像这样的人，早已被浩瀚的宇宙所迷惑，身形劳苦拘累却并不了解混沌初始的真谛。那些道德修养极高的人，让精神回归到鸿蒙初开的原始状态，甘愿休眠在没有任何有形事物的世界。像水流一样随顺无形，自然而然地流淌在清虚空寂的境域。可悲啊！世俗人把心思用在毫

毛琐事上,却一点也不懂得宁静、自然和无为。

这部分文字,教导人们要顺应天成,不要追求人为,要像水流一样"无形",而且让精神归于"无始"。

原文

宋人有曹商者①，为宋王使秦。其往也，得车数乘；王说之②，益车百乘③。反于宋④，见庄子曰："夫处穷闾阨巷⑤，困窘织屦⑥，槁项黄馘者⑦，商之所短也；一悟万乘之主而从车百乘者⑧，商之所长也。"庄子曰："秦王有病召医，破痈溃痤者得车一乘⑨，舐痔者得车五乘⑩，所治愈下，得车愈多。子岂治其痔邪，何得车之多也？子行矣！"

鲁哀公问乎颜阖曰⑪："吾以仲尼为贞干⑫，国其有瘳乎⑬？"曰："殆哉圾乎⑭！仲尼方且饰羽而画⑮，从事华辞，以支为旨⑯，忍性以视民而不知不信⑰；受乎心，宰乎神，夫何足以上民⑱！彼宜女与⑲？予颐与⑳？误而可矣㉑。今使民离实学伪，非所以视民也，为后世虑，不若休之㉒。难治也。"

施于人而不忘㉓，非天布也㉔。商贾不齿㉕，虽以事齿之，神者弗齿。

为外刑者，金与木也㉖；为内刑者，动与过也㉗。宵人之离外刑者㉘，金木讯之㉙；离内刑者，阴阳食之㉚。夫免乎外内之刑者，唯真人能之。

注释

①曹商：人名，姓曹名商。成语"曹商使秦"源出于此。

②王：指秦王。说：悦。

③益：增加，加多赐予。

④反：返。

⑤阨（ài）：通"隘"，狭窄的意思。

⑥织屦：织麻鞋。

⑦槁：干枯。项：脖子。馘（guó）：脸。

⑧一：一旦。悟万乘之主：使万乘之主省悟。

⑨痈：毒疮。痤：疖子。

⑩舐（shì）：舔。

⑪颜阖：人名，姓颜名阖。

⑫贞：通"桢"。这里喻指国家的辅臣。

⑬瘳（chōu）：病愈。

⑭殆：近。圾：通"岌"，危险的意思。

⑮饰羽而画：粉饰装扮。

⑯支：支脉，这里喻指荒谬的、极次要的东西。

⑰忍：扭曲，并含有矫饰之意。视：通"示"，"视民"是说夸示于民众。

⑱上民：上于民，居于民众之上，即统治、管理人民。

⑲彼：指代仲尼。

⑳予：赐予。颐：养。

㉑误而可：错误是无疑的了。

㉒休之：作罢，中止以仲尼为贞干的念头。

㉓施：施行恩惠。

㉔天布：自然对普天之下广泛无私的赐予。

㉕齿：并列；"不齿"即不愿与之为伍，不愿交往。

㉖金、木：刑具的代称。

㉗动、过：分别指内心的烦乱和行动带来的过失。

㉘宵人：小人。离：通"罹"，遭受的意思。

㉙讯：刑讯，拷问。

㉚食：蚀，慢慢地侵害。

纪老师说

宋国有个叫曹商的人，为宋王出使秦国。他前往秦国的时候，得到宋王赠与的数辆车子；秦王高兴，又加赐车辆一百乘。曹商一下子让他儿子成了富二代，傲然回到宋国，见了庄子说："我原来很无能，面黄肌瘦编草鞋；现在我能力超群，大国的国君给我车辆达到百乘之多。"庄子说："听说秦王有病召请属下的医生，破出脓疮溃散疖子的人可获得车辆一乘，舔治痔疮的人可获得车辆五乘，凡是疗治的部位越是低下，所能获得的车辆就越多。你难道给秦王舔过二十次痔疮吗，怎么获得的车辆如此之多呢？你走开吧！"

鲁哀公向隐士颜阖问道："我想把孔丘任命为大臣，国家有希望了吧？"颜阖说："实在是危险啊！孔子正一心想着粉饰装扮，追求和讲习虚伪的言辞，把枝节看作是要旨，扭曲心性以夸示于民众却不知道全无一点诚信。孔丘是很难治理好国家的。"

施与别人恩惠却总忘不了让人回报，远不是自然对普天之下广泛而无私的赐予。施恩图报的行为商人都瞧不起，即使有什么事情必须与他

交往，内心也是瞧不起的。

施加皮肉之刑的，不外乎是金属或木质的刑具；给内心世界带来惩罚的，则是自身的烦乱和行动的过失。小人受到皮肉之刑，是用刑具加以拷问；小人内心受到惩罚，则是阴气阳气郁积所造成的侵害。能够免于内外刑辱的，只有真人才可做到。

历史上的项羽攻无不克战无不胜，但是他刚愎自用，不得人心，四面楚歌，最后乌江自刎，成了骄傲自满的典型。项羽曾听一个13岁的少年劝他不要坑杀城池里的百姓，接连十几个城不战而降，若是项羽能多听些好的建议，霸业可成。可惜武力的天才优势使他骄傲自满，不听良言相劝。

于是，悲剧就上演了！

原文

孔子曰："凡人心险于山川①，难于知天；天犹有春秋冬夏旦暮之期，人者厚貌深情②。故有貌愿而益③，有长若不肖④，有顺懁而达⑤，有坚而缦⑥，有缓而釬⑦。故其就义若渴者⑧，其去义若热。故君子远使之而观其忠，近使之而观其敬，烦使之而观其能，卒然问焉而观其知⑨，急与之期而观其信，委之以财而观其仁，告之以危而观其节，醉之以酒而观其侧⑩，杂之以处而观其色。九征至⑪，不肖人得矣。"

正考父一命而伛⑫，再命而偻⑬，三命而俯⑭，循墙而走⑮，孰敢不轨！如而夫者⑯，一命而吕钜⑰，再命而于车上儛⑱，三命而名诸父⑲，孰协唐许⑳！

贼莫大乎德有心而心有睫㉑，及其有睫也而内视㉒，内视而败矣。凶德有五㉓，中德为首㉔，何谓中德？中德也者，有以自好也而吡其所不为者也㉕。

穷有八极㉖，达有三必㉗，形有六府㉘。美、髯、长、大、壮、丽、勇、敢㉙，八者俱过人也，因以是穷。缘循、偃佒、困畏不若人㉚，三者俱通达。知慧外通㉛，勇动多怨，仁义多责。达生之情者傀㉜，达于知者肖㉝，达大命者随㉞，达小命者遭㉟。

注释

①险：险恶，指人心不可测。

②厚：多；"厚貌"指面容复杂多变。深：潜藏；"深情"指情感深藏。

③愿：老实，敦厚。益：满，骄态百出。

④长：貌似长者。若：通"而"。不肖：不像，不好。

⑤顺：有的版本亦作"慎"。儇（xuān）：急。

⑥缦：通"慢"，懈怠、涣散的意思。

⑦釬（hàn）：通"悍"，强悍。

⑧就：趋赴；"就义"是说追求仁义，与下句"去义"相对。

⑨卒（cù）然：即猝然，突然。

⑩侧：不正。"侧"字亦作"则"，指仪态；译文从"则"。

⑪征（徵）：证验。

⑫正考父：人名。命：任命。伛：躬着背。

⑬偻：弯着腰。

⑭俯：俯身于地。

⑮循墙：顺着墙根。走：急步而趋。

⑯而夫：凡夫。

⑰吕钜：骄傲矜持的样子。

⑱儛（wǔ）：同于"舞"。

⑲名：称谓，用作动词。诸父：指父辈，即叔伯。

⑳协：合。唐许：唐尧和许由。

㉑贼：残害。德有心：有心于德。睫：眼之代称。

㉒内视：主观地臆断外界事物。

㉓德：德行，这里指官能。

㉔中德：指内心的谋虑，即思维活动。

㉕自好：自以为是，以自己的好恶观念来偏执地确定好恶。吡（pǐ）：诋毁。

㉖有：通"于"，由于；下句同。八极：八个方面的自恃，即下文的美、髯、长、大、壮、丽、勇、敢。

㉗三必：三项情况的必然。三项即下文的缘循、偃佒、困畏不若人。

㉘六府：即六种脏腑，后写作"腑"。

㉙髯：胡须。古人把长长的胡须看作是美的形象。

㉚缘循：缘情顺物，因循顺应。佒：同于"仰"；"偃佒"是说俯仰随人。不若人：不如人，指态度谦下。

㉛知慧外通：自恃聪明炫耀于外。

㉜傀（guī）：伟大，这里指心胸开阔广远。

㉝知：这里指真知。肖：指心境虚阔、豁达。

㉞大命：长命，与下句"小命"表示寿延短暂相对。随：随顺自然。

㉟遭：遇。

纪老师说 ●●●

孔子说："人心比山川险恶，比知天困难；天还有春夏秋冬早晚时间的限定，人却容貌敦厚而性情深沉。所以有的外貌谨慎而思想骄溢，有的外表善长而内心愚蠢，有的外貌温顺而内心暴躁，有的外表坚强而内心濡缓，有的外表和缓而内心急躁。所以他就义如饥渴，弃义又如避

热。所以君子让他到远处做事考验他的忠诚,让他在近处做事考验他的恭敬,给他烦杂的任务考验他的能力,向他突然提出问题考验他的心智,交给期限紧迫的任务观察他们是否守信用,把钱财委托他考验他的清廉,告诉他危险考验他的节操。让他醉酒看他的仪态,混杂相处而看他对待女色的态度。

正考父一命力士时曲背,再命为大夫时弯腰,三命为卿时俯身,顺着墙跟走路,谁敢不效法!要是你们这种人,一命力士就会自高自大,再命为大夫就会在车上跳舞,三命为卿就会称他为叔伯,像这样谁还会成为唐尧、许由那样谦让的人呢?

最大的祸害莫过于有意培养德行而且有心眼,等到有了心眼就会以意度事主观臆断,而主观臆断必定导致失败。招惹凶祸的器官能有心、耳、眼、舌、鼻五种,内心的谋虑则是祸害之首。什么叫作内心谋虑的祸害呢?所谓内心谋虑的祸害,是指自以为是而诋毁自己所不赞同的事情。

穷困有八个极端,通达有三项必要条件,刑有六种集聚点。美姿、长须、高大、魁梧、体壮、艳丽、勇猛、果敢,这八种都超过别人,便因此而穷困。因循自然,随俗应付,懦弱谦下,这三项都可畅通无阻。智慧表露通于外物,勇猛妄动多结怨恨,行仁施义多遭责难,通达生命的心胸开阔,通达智慧的心地就能虚空豁达;通达天命的顺随自然,通达寿短之理就能随遇而安。

这一部分内容,庄子弄得比较杂乱,提炼一个大致的观点,就是做人不易,识人更难,得意时要学会谦让,穷困时要学会通达,学会随遇而安。

古代的周公姬旦,在成王年幼时辅佐成王,在国家危难时不畏艰辛挺身而出，担起了重任。辅佐期间，为珍惜人才，唯恐失去贤人，吃饭时，数次吐出口中食物；洗头时，也多次握着未梳理的头发，迫不及待地去接待贤人。当国家转危为安时，他毅然让出了王位。这种谦虚、无私的精神，常被后人所称赞。

京剧大师梅兰芳，他不仅在京剧艺术上有很深的造诣，而且还是丹青妙手。他拜名画家齐白石为师，虚心求教，总是执弟子之礼，经常为白石老人磨墨铺纸，不因为自己是位名演员而自傲。梅兰芳不仅拜画家为师，他也拜普通人为师。他有一次在演出京剧《杀惜》时，在众多喝彩叫好声中，他听到有个老年观众说"不好"。梅兰芳来不及卸装更衣就用专车把这位老人接到家中，恭恭敬敬地对老人说："说我不好的人，是我的老师。先生说我不好，必有高见，定请赐教，学生决心亡羊补牢。"老人指出："阎惜姣上楼和下楼的台步，按梨园规定，应是上七下八，你为何八上八下？"梅兰芳恍然大悟，连声称谢。以后梅兰芳经常请这位老先生观看他演戏，请他指正，称他"老师"。

谦虚是一种难能可贵的美德，每个人都应该塑造一种"虚怀若谷"的品质，都要有一种"谦虚谨慎、戒骄戒躁"的精神。

纪连海谈 庄子

原文

人有见宋王者①，锡车十乘②，以其十乘骄稺庄子③。庄子曰："河上有家贫恃纬萧而食者④，其子没于渊⑤，得千金之珠。其父谓其子曰：'取石来锻之⑥！夫千金之珠，必在九重之渊而骊龙颔下⑦，子能得珠者，必遭其睡也⑧。使骊龙而寤⑨，子尚奚微之有哉⑩！'今宋国之深，非直九重之渊也⑪；宋王之猛，非直骊龙也；子能得车者，必遭其睡也。使宋王而寤，子为粉夫⑫！"

或聘于庄子。庄子应其使曰："子见夫牺牛乎⑬？衣以文绣⑭，食以刍叔⑮，及其牵而入于大庙，虽欲为孤犊⑯，其可得乎！"

庄子将死，弟子欲厚葬之。庄子曰："吾以天地为棺椁⑰，以日月为连璧⑱，星辰为珠玑，万物为赍送⑲。吾葬具岂不备邪？何以加此？"弟子曰："吾恐乌鸢之食夫子也。⑳"庄子曰："在上为乌鸢食，在下为蝼蚁食，夺彼与此，何其偏也！"

以不平平㉑，其平也不平㉒；以不征征㉓，其征也不征㉔。明者唯为之使㉕，神者征之㉖。夫明之不胜神也久矣。而愚者恃其所见入于人㉗，其功外也㉘，不亦悲乎！

注释

①宋王：旧注指宋襄王。

②锡（cì）：通"赐"。

③以：恃，仗。樨：后。

④纬：编织。萧：荻蒿；"萧"字亦作"苇"。

⑤没：深潜入水。

⑥锻：锤打。

⑦九重：这里形容极深。骊龙：黑龙。颔：下巴。

⑧遭：遇，逢。

⑨寤：睡醒。

⑩奚：何。微：微小，指残留下的少许身体部位。全句是说，你还能留下点什么？言外之意是早已被骊龙吞食掉了。

⑪直（tè）：通"特"，仅只的意思。

⑫粉：粉碎，指粉身碎骨。

⑬牺牛：准备用于祭祀的牛牲。

⑭衣（yì）：用作动词，穿的意思。文：花纹。

⑮食（sì）：给它吃。刍：草。叔：大豆；这个意义后代写作"菽"。

⑯犊：小牛；"孤犊"指没有人看顾的小牛。

⑰椁：外棺。

⑱连璧：和下句的"珠玑"一样，都是用于殉葬的宝物。

⑲赍（jī）：送。

⑳乌：乌鸦。鸢（yuān）：老鹰。

㉑不平：这里指偏见，偏执的心境。平：追求均平的事理。

㉒其平也不平：人为强求的均平实际上不是真正的均平。篇文认为，万物之理本来就是均平的，用偏见去对待想要均平也不可得。

㉓征（徵）：应。

㉔其征也不征：这种主观的应验不能算是真正的应验。

㉕明者：自诩明智的人。

㉖神者：精神世界完全超脱于物外的人。征之：自然地感应外物。

㉗入于人：陷入人事，追求人为。

㉘功：功利；"其功外也"是说他们的功利只在于追求外物。

纪老师说

宋国有个政客向宋偃王献策。暴君宋偃王那天心情好，听了很舒服，赏那家伙十辆小车，那家伙请庄子去看他的车展，意在炫耀。庄子说："算了吧。我告诉你一个故事。黄河岸边一户人家，世世代代编织苇席，赖此糊口。小儿下河游泳，潜入深渊，闭眼瞎摸，摸得宝珠，价值千金。老父骂小儿不懂事，说：'快捡石头来，给我砸碎吧！千金宝珠从来都是衔在深渊下的黑龙嘴里，你能摸得，那是因为黑龙睡了！天哪，幸好睡了！要是醒着，俺到哪去捞你尸骨！你连寒毛也剩不下一根呢！'老兄，宋国政界水深，比深渊更深哟，你摸不透！宋国暴君心狠，比黑龙更狠哟，你斗不过！赏你车辆，那是因为暴君睡了。要是醒着，早就斩你成肉酱啦！"

某王派使臣来聘请庄子去某国做官。庄子回答说："宗庙年年祭祀，要宰杀几头牛，供作牺牲。你还记得那些牺牲牛吗？祭祀前三个月从牧场选出来，披红挂彩，天天吃嫩草，喝豆浆，不犁田，不拉车，专员饲养，何等气派！时限一到，牵入宗庙，可怜可怜，想变一条没娘养的小牛，唉，都办不到啦！"

庄子病危，眼看抢救无效，一群弟子等着给他送终。弟子们商量办后事，都主张葬仪规格要高，否则对不起敬爱的老师。钱嘛，大家AA制好了。病床上的庄子说："天地做我的棺椁，日月做我的双壁，星星做我的珍珠，万物做我的殉葬品。超级葬仪早就给我准备好了，何必你们操办。"弟子们说："恐怕秃鹫和乌鸦啄食老师哟。"庄子说："天葬给秃鹫和乌鸦吃，土葬给蝼蚁和白蚁吃。鸟嘴夺食喂虫，岂不多事！"

庄子认为，用某种不公平的主张去平定社会动乱，已经平定的也不可能从此平定。用某种不惩罚的方式去惩罚社会弊病，受到惩罚的也不感到这是惩罚。古往今来，自作聪明的政治家也不少吧，到底摆不脱有为主义的支配，终究要受到神圣规律的惩罚。任何聪明也斗不过神圣规律，历来如此。愚蠢的政治家用他们的偏见强加于人，功夫都白费了，可悲可叹。

庄子认为，死亡只是回归到大自然，没有什么特别之处，死与生都是自然的过程，最重要的是不可离开自然，而产生扭曲的人生观。

丧葬仪式只是人类文化生活的产物，它也不能解决生死的问题，只有抚慰生者的心灵，外在的形式对于心灵来讲只能是肤浅的，只是反映出来人类的思想层次到哪里而已。

人类的无知源自对死亡的不了解，对死亡就会有不同的观念与看法，有的人认为死亡了以后会上天堂，有的认为会回到祖灵那里，有的人却认为一切皆化为乌有。人类的欲望反映出在死亡的态度上，希望死亡以后能到一个更好的世界，而不愿意将自己的心灵从欲望中解放出来。

对于生死的问题，庄子都能等同视之，死与生一如，都是自然所赋予的，自然的变化如此，还有人能决定、控制这一切吗？在观念上以大道来讲，不管是生也好，死也好，与大道合而为一，自然即我，我即自然，自然无有增减，当然人也无有生死。

天 下

原文

　　天下之治方术者多矣①，皆以其有为不可加矣②！古之所谓道术者③，果恶乎在？曰："无乎不在④。"曰："神何由降⑤？明何由出⑥？""圣有所生，王有所成，皆原于一⑦。"不离于宗⑧，谓之天人⑨；不离于精⑩，谓之神人⑪；不离于真⑫，谓之至人⑬。以天为宗⑭，以德为本⑮，以道为门⑯，兆于变化⑰，谓之圣人；以仁为恩⑱，以义为理⑲，以礼为行⑳，以乐为和㉑，熏然慈仁㉒，谓之君子㉓；以法为分㉔，以名为表㉕，以参为验㉖，以稽为决㉗，其数一二三四是也㉘，百官以此相齿㉙；以事为常㉚，以衣食为主，蕃息畜藏㉛，老弱孤寡为意，皆有以养，民之理也㉜。古之人其备乎㉝！配神明，醇天地㉞，育万物，和天下，泽及百姓，明于本数㉟，系于末度㊱，六通四辟㊲，小大精粗㊳，其运无乎不在㊴。其明而在数度者，旧法、世传之史尚多有之；其在于《诗》《书》《礼》《乐》者，邹鲁之士、搢绅先生多能明之㊵。《诗》以道志，《书》以道事，《礼》以道行，《乐》以道和，《易》以道阴阳，《春秋》以道名分㊶。其数散于天下而设于中国者㊷，百家之学时或称而道之。天下大乱㊸，贤圣不明㊹，道德不一。天下多得一察焉以自好㊺。譬如耳目鼻口，皆有所明㊻，不能相通。犹百家众技也，皆有所长，时有所用。虽然，不该不遍㊼，一曲之士也㊽。判天地之美㊾，析万物之理㊿，察古人之全㊱。寡能备于天地之美㊾，称神明之容㊿。是故内圣外王之道㊼，暗而不明㊽，郁而不发㊾，天下之人各为其所欲焉以自为方㊿。悲夫！百家往而不反㊽，必不合矣！后世之学者，不幸不见天地之纯，古人之大体，道术将为天下裂。

注释

① 方术：一方之术，即特殊的学问，道术的一部分。

② 其有：其所得。为：以为。

③ 道术：普遍之术，引申为真理。

④ 无乎不在：指道理贯通万事万物。

⑤ 神：指天，所以说降。

⑥ 明：指地，所以说出。神明：指天道、地道。圣王：指人道。

⑦ 皆原于一：指神明圣王即天道地道人道的作用皆原于一。

⑧ 不离：不分离为二。宗：指道，即《老子》中的道"渊兮似万物之宗"的宗，指主宰而言。

⑨ 天人：指天人不分离为二的道理。

⑩ 精：指道。

⑪ 神人：见《逍遥游》。

⑫ 真：纯真不伪。

⑬ 至人：其他篇中已多见。

⑭ 宗：主宰。以无为宗：指至人即天人。

⑮ 本：本根。以德为本：指圣人即真人。

⑯ 以道为门：门指天门，万物生死的出入门户。

⑰ 兆：指变化兆端是深而难测的。

⑱恩：恩惠。以仁为恩：用仁来恩惠人民。

⑲理：治理。以义为理：用义来治理人民。

⑳行：行为。以礼为行：用礼来教化人民的行为。

㉑乐：音乐。和：调和。以乐为和：用音乐来调和人民的性情。

㉒熏然：温和的南风可以化物的样子。

㉓君子：指辅佐圣王的贤者。

㉔法：法度。分（fèn）：分守。

㉕名：职称。表：标志。

㉖参：比较，检验。验：验证。参验：比较，考验，验证。

㉗稽：考查，考核。决：断定。

㉘数：等次。一二三四：指上文的法、名、参、稽。

㉙百官：指能者。齿：序列。

㉚事：指耕、织、工、商的职业。常：恒常，不变。

㉛蕃：繁殖。息：生息。畜：积蓄。藏：储藏。

㉜民之理：犹民之为道，即民之常情。

㉝古之人：指古代的圣人。备：完备。

㉞配：匹配、合。神明，指神圣明王。醇：通"准"。醇天地：以天地为准则。

㉟明：表明。本数：指道德仁义。

㊱末度：指法度为道的末节。

㊲六通：指六合，即上下四方通达。四辟：指春夏秋冬四时通畅。

㊳小大精粗：指万物不论大小精粗。

㊴运：运行。其运：指帝道圣道运行而天所积。

㊵搢绅：即搢笏而垂绅的儒服。

㊶道：指言，以上五个道字同。

㊷中国：指鲁齐卫宋的地区。

㊸大乱：指战国。

㊹贤圣：指孔子与其弟子。

㊺自好（hào）：自意不知变，主观自信不变。

㊻明：知道。

㊼该：通“赅”，完备。遍：普遍。

㊽一曲之士：看问题片面的人。

㊾判：分割。

㊿析：离析，割裂。理：常理。

(51)察：放散。

(52)寡：少。

(53)容：包容。

(54)内圣：将道藏于内心的是圣人。外王：将道显露于外的是王。

(55)暗：同“闇”。

(56)郁：抑郁。

(57)方：方术。

(58)反：通“返”。

纪老师说

学术问题有道术和方术之分。道术是普遍的学问，只有天人、圣人、神人、至人才能掌握它。方术则是具体的各家各派的学问，这种学问都是各执一偏的片面的学问。

庄子认为，天下研究学术的人有很多很多，都认为自己掌握了真理

而且达到了无以复加、登峰造极的境界。但是，有关天道的规律是无处不在的。玄圣和圣王有诞生和出现的原因，因为他们都源于宇宙万物本体混一的道。

天人不违背道的宗本，神人不违背道的精粹，至人不违背道的真谛，圣人把自然视为本原，把禀赋视为根本，把规律视为途径，从而预知事物的各种变化。君子用仁慈来布施恩惠，用道义来分清事理，用礼义来规范行为，用音乐来调理性情，这样就显得温和而又慈祥。

依照法规确定职分，遵从名分确立标准，反复比较求得验证，凭借查考做出决策，就像点数一二三四一样历历分别，各种官吏都以此相互就位；把各种职业固定下来，把农桑事务摆上重要位置，注意繁衍生息和蓄积储藏，老弱孤寡经心照料，全都有所安养，这又是安定民心、治理百姓的规律。

古代圣哲之人是完备的，他们配合灵妙之理、圣明之智，效法天地的自然规律，哺育万物，使天下均衡和谐，把恩泽施及百姓，通晓根本的典规，又能贯穿细枝末节的法度，六合通达四时顺畅，无论大小精粗的各种事物，其运动变化真是无所不在。他们的观点显明而又表露在各项典规法度之中，比如《诗》《书》《礼》《乐》，内中的看法和主张散布天下并施行于中原各国的，各家的学说时时有人称述和介绍。

天下大乱之时，贤圣的学术主张不能彰显于世，道德的标准也不能求得划一，天下人大多凭借一孔之见就自以为是炫耀于人。诸家学派越走越远不能返归正道，必然不能合于古人的道术！后代的学者，实在很不幸，因为不能见到自然纯真之美和古人道术的全貌，道术也就势必受到诸家学派的分割与破坏。

庄子认为，道术是统一的，无处不在，而后世诸家的观点显得单

一、浅陋，只注重自己的观点，不注重吸纳道术的广博，所以成了一孔之见。

处世的观点学说是这样，做人自然也应该如此。

唐朝的魏徵从小丧失父母，家境贫寒，但喜爱读书，不理家业，曾出家当过道士。后任宰相之职，为唐朝贞观名相。玄武门之变以后，唐太宗李世民把他任为谏官之职，并经常引入内廷，询问政事得失。魏徵喜逢知己之主，竭诚辅佐，知无不言，言无不尽。加之性格耿直，往往据理抗争，从不委曲求全。

有一次，唐太宗曾向魏徵问道："何谓明君、暗君？我作为一国之君，怎样才能明辨是非，不受蒙蔽呢？"魏徵回答说："君之所以明者，兼听也，君之所以暗者，偏信也。以前秦二世居住深宫，不见大臣，只是偏信宦官赵高，直到天下大乱以后，自己还被蒙在鼓里；隋炀帝偏信虞世基，天下郡县多已失守，自己也不得而知。由此可见，作为国君，只听一面之辞就会糊里糊涂，常常会做出错误的判断。只有广泛听取意见，采纳正确的主张，您才能不受欺骗，下边的情况您也就了解得一清二楚了。"唐太宗对这番话深表赞同。

从此，唐太宗很注意听取下面的谏言，鼓励大臣直言进谏。

魏徵去世后，唐太宗伤心欲绝地说："用铜做镜子，可以看出衣帽穿着是否整齐，用历史做镜子，可以明白各个朝代为什么兴起和没落；用人做镜子，可以清楚自己与别人的差距和得失。今天魏徵不在了，我真是失掉了一面好镜子啊！"

兼听则明，偏信则暗，任何人的观点都有一定的局限性，所以我们应该吸纳众家所长，扬长避短，做到这些，这个社会一定会进步很多。

纪连海谈 庄子

原文

不侈于后世①，不靡于万物②，不晖于数度③，以绳墨自矫，而备世之急④。古之道术有在于是者，墨翟、禽滑厘闻其风而说之⑤。为之大过⑥，已之大循⑦。作为《非乐》⑧，命之曰《节用》⑨；生不歌⑩，死无服⑪。墨子泛爱⑫、兼利而非斗⑬，其道不怒⑭；又好学而博，不异⑮，不与先王同⑯，毁古之礼乐。黄帝有《咸池》，尧有《大章》，舜有《大韶》，禹有《大夏》，汤有《大濩》，文王有辟雍之乐，武王、周公作《武庐》⑰。古之丧礼，贵贱有仪⑱，上下有等，天子棺椁七重⑲，诸侯五重，大夫三重，士再重。今墨子独生不歌⑳，死无服，桐棺三寸而无椁㉑，以为法式㉒。以此教人，恐不爱人；以此自行，固不爱己。未败墨子道㉓，虽然，歌而非歌，哭而非哭，乐而非乐，是果类乎？其生也勤㉔，其死也薄㉕，其道大觳㉖；使人忧，使人悲，其行难为也，恐其不可以为圣人之道，反天下之心，天下不堪。墨子虽独能任，奈天下何！离于天下㉗，其去王也远矣㉘！墨子称道曰："昔禹之湮洪水㉙，决江河而通四夷九州也㉚。名川三百，支川三千，小者无数。禹亲自操橐耜㉛，而九杂天下之㉜；腓无胈㉝，胫无毛㉞，沐甚雨㉟，栉疾风㊱，置万国㊲。禹大圣也，而形劳天下也如此㊳。"使后世之墨者？多以裘褐为衣㊴，以跂为服㊵，日夜不休，以自苦为极，曰："不能如此，非禹之道也，不足谓墨。"相里勤之弟子㊶，五侯之徒(42)，南方之墨者若获、已齿、邓陵子之属(43)，俱诵《墨经》而倍谲不同(44)，相谓别墨(45)，以坚白同异之辩相訾(46)，以觭偶不仵之辞相应(47)，以钜子为圣人(48)，皆愿为之尸(49)，冀得为其后世(50)，至今不决(51)。墨翟、禽滑厘之意则是(52)其行者非也。将使后世之墨者，必自苦以腓无、胫无毛相进而已矣(53)上也，治之下也。虽然，墨子真天下之好也(54)，将求之不得也(55)，虽枯槁不舍也(56)，才士也夫(57)！

注释

①侈：奢侈。

②靡（mí）：浪费。

③晖（huī）：目光，炫耀。数度：数指法律条文。

④绳墨：绳指取正的工具，木匠用做取直的墨线，这里指规矩。矫：励。自矫：自己勉励自己。

⑤墨翟：战国初年鲁国人，墨家学派的创始人。禽滑厘：墨子的弟子。

⑥大：同大。为之大过：指泛爱、兼利而言。

⑦已：止，停止而不为。

⑧非乐：墨子提倡非乐，作《非乐》篇。

⑨命：叫作，称为。

⑩生：活着。

⑪无服：不穿礼制上规定的丧服。死无服丧。

⑫泛爱：即兼爱，爱一切人。

⑬兼利：使一切人都得到利益。非斗：指非攻，反对非正义的进攻。

⑭怒：怨怒。

⑮不异：指尚同而言。

⑯先王：指黄帝、尧、舜、禹、夏商周诸帝王。

⑰《咸池》至《武庐》，皆为五帝三王时的乐曲。

⑱有仪：有度。

⑲椁：外棺。重：层。

⑳独：唯独。

㉑桐：桐木。

㉒法式：效法的样式，榜样。

㉓未：同"莫"，败：同毁。

㉔勤：勤劳。

㉕薄：瘠薄。

㉖毂（què）：刻。

㉗离（lì）：通"丽"，依附。

㉘王：指外王之道。

㉙湮：同"堙"，塞。

㉚四夷：四方边远的少数民族地区。九州：冀、兖、青、徐、扬、荆、豫、梁、雍。

㉛橐（tuó）：盛土的器具。耜（sì）：掘土工具。

㉜九：聚集。杂：同匝，合。九杂：聚合。

㉝腓（fei）：腿肚子。胈（bá）：汗毛。

㉞胫（jīng）：小腿。

㉟沐：沐浴，淋雨。甚雨：暴雨。

㊱栉（zhì）：梳头发。

㊲置：建立，设立。万国：许多地方。

㊳形劳：身体劳苦。

㊴裘：兽皮。褐：粗布。裘褐：粗衣。

㊵跂（qí）：通“屐”，木鞋。

㊶相里勤：墨子后学。

㊷五侯：墨家弟子姓五名侯。

㊸苦获、已齿、邓陵子：皆墨家后学。

㊹倍：通“背”，背离。谲（jué）：矛盾，相反。

㊺别墨：墨家中的非正统的派别。

㊻訾（zǐ）：诽谤，非议。

㊼觭（jī）：通“奇”，单数。偶：双数。仵（wǔ）：通“伍”，合、同。应：应对，对答。

㊽钜：同“巨”。钜子：后期墨家首领。

㊾尸：尽死。

㊿冀：希望。

(51)决：决定。

(52)意则：用意是对的。

(53)相进：相互争进。

(54)天下之好：爱天下。

(55)求之：救助天下。

(56)舍：舍弃。

(57)才士：指贤能之士。

纪老师说

接下来，庄子评价的是墨子、禽滑厘为主的墨家学派的学说。

庄子认为，古代的道术包含让后世不奢侈，使万物不浪费，不使各种等级差别突出显明，而且用各种严厉的规矩约束自己以适应社会的急需。墨翟、禽滑厘之流热衷于这方面的活动。不过他们所主张和推行的又过于激烈，他们所反对、所节止的又过于苛严。他们倡导"非乐"，要求人们"节用"，生前不唱歌，死时不厚葬。墨家主张"泛爱""兼利""非斗"，他们的学说是非暴力的，而且墨家又好学博览，不随意标新立异，也不与前代帝王苟同。

墨家反对古代的礼乐制度。主张生前不唱歌，死时不厚葬，桐木棺材厚三寸而且不用外棺，并把这些作为法度和定规。庄子看来，这不是真正的爱护人，也不是爱惜自己，跟人的真情实感不吻合，做法太苛刻。这样背离了天下人的心愿，距离天下百姓一心归往的境界也就很远很远了。

墨家多用羊皮、粗布做衣服，用木鞋、草鞋做服饰，日夜不停地操劳，把自身清苦看作是行为准则。但真正做起来却有出入，所以各派间纷争迭起。

庄子认为，虽然墨翟和禽滑厘他们的意愿应当说是好的，但他们的做法却不可取。墨家的学说算得上是乱世的良方，却又只能是治世的下策。但庄子认为墨子还是真正热爱天下人民的，可算是有才之士。

墨子比较简朴，有强烈的用世之心。但是庄子认为，墨家学派仅仅来源于道术的一个侧面，而不是道术的本体。庄子肯定了墨子提倡的兼爱、非攻、勤俭力行等积极方面，指出"墨子真天下之好也，将求之不得也，虽枯槁不舍也，才士也夫！"，而否定墨子消极的、较为严苛的方面。庄子评价墨家："为之大过，已之大循"，而墨家为何会"为之大过，已之大循"呢？庄子认为是他们未把握道之本体的缘故，"将使后世之墨者必自苦以腓无胈、胫无毛，相进而已矣"，这种"自苦"本身就很难做到，况且自苦不一定能体悟到道之本体。

百家之争，古已有之，这种亦贬亦褒的全面性实在不多。我不想谈论道家与墨家观点的正确与否，我想谈一谈如何对待别人的批评。

批评很少来自朋友。一方面这是因为朋友通常会顾及对方的感受而尽量回避当面批评，而另外一方面是因为人在交朋友的时候会自觉不自觉地回避那些与自己见解不同的人，抑或会有意无意地疏远曾经批评自己的人。偶尔的情况下，朋友会提出中肯的批评，而被批评者通常相对容易接受，某种意义上也是因为他既然能够交到那种在必要的时候当面指出自己错误的朋友，那么他本身的性格中就具备认真对待批评与自我批评的特质。

如何对待别人的批评呢？首先要保持对待生活积极乐观向上的态度，这样才能在面对别人的看法和评价时以正确的态度去看待，好的意见和建议我们是欣然接受的，不好的我们保持沉默，不需要去争辩也不需要花太多的时间去理论，做好自己就可以了，坦然地去面对。

每一个人的生活环境和接受的教育都不一样，所以我们做人还有为人处世也都不一样，每一个人都有适合自己的一套生活模式，所以自己也就选择适合自己的路走下去就可以了，要学会坚持该坚持的，放弃该放弃的。

别人对自己表达的一些建议和意见，我们即使不欣然去接受，但是也不能大发雷霆的去斥责别人，因为别人也有权利发表自己的意见和建议，接受与不接受就是自己的权利了，所以对待别人的一些看法和评

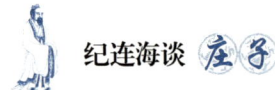

价，我们都要表示尊重。我们需要保持平常的心，听听别人是怎么说的，然后自己认真的思考，别人的这个建议和意见是否适合自己。

遇到问题不逃避，不去退缩，面对别人的赞美也好，指责也好，都欣然去接受去面对，能够勇敢地去面对这些批评，其实也就是敢于面对自己。

原文

不累于俗①，不饰于物②，不苟于人③，不忮于众④，愿天下之安宁以活民命⑤，人我之养，毕足而止⑥，以此白心⑦。古之道术有在于是者，宋钘、尹文⑧闻其风而悦之。作为华山之冠以自表⑨，接万物以别宥为始⑩；语心之容⑪，命之曰"心之行"，以聏合欢⑫，以调海内，请欲置之以为主⑬。见侮不辱，救民之斗，禁攻寝兵，救世之战。以此周行天下，上说下教⑭，虽天下不取，强聒而不舍者也⑮，故曰上下见厌而强见也。虽然，其为人太多，其自为太少，曰："请欲固置⑯，五升之饭足矣。"先生恐不得饱，弟子虽饥，不忘天下，日夜不休，曰："我必得活哉！"图傲乎⑰，救世之世哉！曰："君子不为苛察⑱，不以身假物。"以为无益于天下者，明之不如已也⑲，以禁攻寝兵为外，以情欲寡浅为内。其小大精粗，其行适至是而止。

注释

①累：牵累。

②饰：掩饰。

③不苟：不苟从。

④忮（zhì）：违逆，刚愎。

⑤安宁：没有战争。活民命：保住人民的性命。

⑥人我毕之，养足而止：指的是情欲寡浅的意思。

⑦白心：纯洁内心，指扫除欲念，抱虚守静，修养内心。

⑧宋钘：即宋荣子。尹文：姓尹名文，齐国人。

⑨华山之冠：像华山那样上下均平的帽子。

⑩别：指别而去之。宥：同"囿""蔽"。别宥：丢掉成见。始：始端。

⑪语心之容：心之用能包容。

⑫聏（ér）：同"软"，柔和。欢：欢心。

⑬之：指心之容，心之行。

⑭上说下教：上指人主，统治者，下指百姓臣民。

⑮强聒：人家不愿听的话，说个不停。

⑯固置：谓辞不得当还必欲量之。

⑰傲：皆解作大。

⑱苛：不合理。

⑲已：止。

纪老师说

庄子谈论的第二种学派，是以宋钘、尹文等人为代表的。他们崇尚古人，特别是古人的不受流俗所牵累，不因外物而矫饰，不对人提出苛严的要求，不违背众人的心情，但愿天下太平无事人人都能糊口养生，自己和他人生存条件能够得到保证也就心满意足，并且以此来剖白自己的心迹。庄子认为，他们听闻这方面的遗风并且热衷于这方面的活动，但是还做得有些过分。比如为别人考虑很多很多，为自己考虑很少很少。他们主张对天下无益的事，与其竭力申辩倒不如停止不干。他们把禁绝攻伐平息暴力行动看作是主要的社会活动，把抑制个人的情感和欲念看作是对自身的主要要求。

庄子认为，他们也未得道术之本体，赞扬他们"不累于俗，不饰于物，不苟于人，不忮于众，愿天下之安宁以活民命，人我之养，毕足而止"以及他们所提倡的"见侮不辱，救民之斗，禁攻寝兵，救世之战"，而对于他们"其为人太多，其自为太少""情欲寡浅"等方面予以否定。庄子认为他们以"禁攻寝兵"为外在活动，以"清心寡欲"为内在修养，无论从宏观角度还是从微观角度来看，他们的作为也就到此为止了。由此可见，庄子并没有抹杀个体存在的价值和意义，相反，在某些方面庄子还积极地颂扬人的主体价值和意义。

原文

公而不党①，易而无私②，决然无主③，趣物而不两④，不顾于虑⑤，不谋于知⑥，于物无择⑦，与之俱往。古之道术有在于是者，彭蒙、田骈、慎到闻其风而悦之⑧。齐万物以为首⑨，曰："天能覆之而不能载之，地能载之而不能覆之⑩，大道能包之而不能辩之⑪。知万物皆有所可，有所不可，故曰选则不遍⑫，教则不至⑬，道则无遗者矣⑭。"是故慎到弃知去己⑮，而缘不得已⑯。泠汰于物⑰，以为道理。曰知不知⑱，将薄知而后邻伤之者也⑲。謑髁无任，而笑天下之尚贤也⑳；纵脱无行，而非天下之大圣㉑；椎拍輐断㉒与物宛转㉓；舍是与非，苟可以免，不师知虑㉔，不知前后，魏然而已矣㉕。推而后行，曳而后往㉖。若飘风之还，若羽之旋，若磨石之隧㉗全而无非㉘动静无过㉙，未尝有罪㉚。是何故㉛？夫无知之物㉜，无建己之患㉝，无用知之累㉞，动静不离于理㉟，是以终身无誉㊱。故曰至于若无知之物而已㊲，无用贤圣。夫块不失道。豪桀相与笑之曰："慎到之道，非生人之行，而至死人之理㊳，适得怪焉㊴。"田骈亦然，学于彭蒙，得不教焉㊵。彭蒙之师曰㊶："古之道人㊷，至于莫之是、莫之非而已矣㊸。其风窢然㊹，恶可而言㊺？"常反人㊻，不见观㊼，而不免于鲵断㊽。其所谓道非道㊾，而所言之韪不免于非㊿。彭蒙、田骈、慎到不知道。虽然，概乎皆尝有闻者也㉛。

注释

①公：公正。

②易：平易，平允。

③决然：引申为随和。

④趣物而不两：随物而趋没有二意。趣，通趋。

⑤不顾：指不顾虑过去。

⑥不谋于知：不用智慧，即指不谋其将来。

⑦无择：无选择。

⑧彭蒙：齐人。田骈：齐人。慎到：赵人。说：通悦。

⑨齐：齐万物之齐。首：首要。

⑩覆：遮盖，掩盖。

⑪包：包容。辩：分辨。

⑫选：选择。偏：同"遍"，全。

⑬不至：不能达到，不能备至。

⑭无遗：无遗漏。

⑮去己：抛开自己成见。

⑯缘：因循，因顺。

⑰泠汰：听从自然，任其自然。

⑱知不知：把知当作无知。

⑲将：要。薄知：鄙薄知识。邻伤：毁伤。

⑳謑髁：儿戏，随便的样子。无任：无能力。尚贤：推选贤能。

㉑纵脱：放任。无行：不修德行。

㉒椎拍：推扑顺遂。輐断：即下文魭断，没有棱角。

㉓物：指事。宛转：婉曲，相应变化。

㉔师：用，任凭。

㉕魏：通"巍"，独立不动。

㉖曳：拖。

㉗隧：转动，旋转。

㉘全：全面，整体。无非：无偏。全而无非：自全而入无非责。

㉙动静：运动静止。无过：没有过失。

㉚未尝有罪：不曾有什么罪责。

㉛是：这，此。

㉜知：知觉，知识。物：物件，东西。

㉝无建己之患：指没有建立自己而产生敌对的忧患，这是指去己的思想。

㉞无用知之累：指不用知虑就没有牵累，用知则争，争则牵累，放弃知虑则无争，无争则无累。这是讲弃知的思想。

㉟理：指规律。

㊱无誉：任何罪都从誉生，无誉就无罪过，这是去誉的思想。

㊲故曰：指慎子说的话。至：到达，达到。若：像。已：罢了。

㊳生人：活人。行：施行。理：道理。

㊴适得：理当，应当。怪：责怪，批评。

㊵不教：不言之教。

㊶彭蒙之师：犹彭蒙其师，指彭蒙自己。

㊷道人：得道的人。

㊸莫之是莫之非：无所谓是非。

㊹其：指古代有道人的教化。窢（xù）然：风迅速刮过的样子。

㊺恶（wū）：何。言：语言。

㊻反人：违反人意。

㊼不见观：不为人所欣赏。

㊽䡊（yuán）：輓的借字。

㊾其：代田骈、彭蒙等人。道：天道。下句道同。

㋀韪：是。

㋁概：概略。尝：曾，曾经。

纪老师说

公正而不结党，平易而不偏私，断然依理不存主见，随物趋进一视同仁；不瞻前顾后，不谋求智巧，对于外物无所选择，随顺自然与物一同变化。这是古人的道术，也是庄子谈论的第三家主张，代表人物是彭蒙、田骈和慎到等人，他们的主张接近于老聃。庄子对于此派的评述也是有褒有贬的，说"概乎皆尝有闻者也"，也就是说他们仅仅是"大概听闻过一点道的概要"，而未能把握真正的道。庄子赞扬此派主张"公而不党，易而无私，决然无主，趣物而不两，不顾于虑，不谋于知，于物无择，与之俱往"，而批评他们的思想"非生人之行，而至死人之理"。彭蒙、田骈、慎到他们只看到了事物的相对性，而未看到相对性之中的绝对性。他们所提倡的道，把道的相对性方面绝对化、极端化，误以为"古之道人，至于莫之是、莫之非而已矣"，因而最后庄子评述"彭蒙、田骈、慎到不知道。虽然，概乎皆尝有闻者也。"也正是因为他们曾听闻过道的概要，而未得到道之全体，所以他们自以为的"道"并不是真正的"道"。他们常常违反人意，不受人们所尊敬，不免于随物变化，因而庄子说："其所谓道非道，而所言之韪不免于非。"也就是说，他们所说的齐同划一的规范并不是真正的道，因而所说的正确也终不免于谬误。

纪连海谈 *庄子*

原文

　　以本为精①，以物为粗②，以有积为不足③，澹然独与神明居④。古之道术有在于是者。关尹、老聃闻其风而悦之⑤。建之以常无有⑥，主之以太一⑦，以濡弱谦下为表⑧，以空虚不毁万物为实。关尹曰："在己无居⑨，形物自著。其动若水，其静若镜⑩，其应若响⑪。芴乎若亡⑫，寂乎若清。同焉者和，得焉者失⑬。未尝先人而常随人。"老聃曰："知其雄⑭，守其雌⑮，为天下谿⑯；知其白⑰，守其辱，为天下谷。"人皆取先⑱，己独取后⑲。曰"受天下之垢⑳；人皆取实，己独取虚。无藏也故有余。岿然而有余。其行身也，徐而不费㉑，无为也而笑巧㉒。人皆求福，己独曲全㉓。曰苟免于咎㉔。以深为根㉕，以约为纪㉖。曰坚者毁矣㉗，锐则挫矣㉘。常宽容于物，不削于人㉙。可谓至极㉚。关尹、老聃乎，古之博大真人哉！

注释

　　①本：指德。即篇首所说的"以天为宗，以德为本"。

　　②物：具体的物。

　　③有积：物有积。不足：天无积。

　　④澹（dàn）然：指不挂一物的样子。独：即指道，没有与它为对的。神明：造化灵明。居：共居。共处。

⑤关尹：见《达生》注。

⑥常无有：指常无，常有。

⑦太一：指道。

⑧濡弱：通"嬬"，弱，柔弱。

⑨居：止。

⑩静若镜：清静如镜。

⑪应：回应。响：反响。

⑫药：同"芴"。亡，读无。

⑬得：所得。

⑭雄：雄性。

⑮雌：雌性。

⑯豀：沟壑。指虚而能受，能容纳一切。

⑰白：清白，引申为光彩。

⑱取先：争先。

⑲取后：落后。

⑳垢：辱。

㉑徐：安舒，舒缓。

㉒巧：技巧，机巧。

㉓曲全：委曲求全。

㉔苟免：姑且免于。

㉕深：指深藏。

㉖约：指隐约。

㉗坚：坚硬。

㉘锐：锐利。

㉙削：侵削。

㉚至极：达到顶点。

纪老师说

庄子对前三家各有批评，到了第四家关尹、老聃，承认他们是"博大真人"。庄子认为，关尹、老聃真正把握了道的本体。他们"以本为精，以物为粗，以有积为不足，澹然独与神明居"，他们达到了"以无形无为的道为精微，以有形有为的物为粗鄙，以积蓄为不足，恬淡地独自与神明共处"的境界。庄子强调了他们能"建之以常无有，主之以太一。以濡弱谦下为表，以空虚不毁万物为实"，赞美了他们"常宽容于物，不削于人"的宽容心态，故称他们为"博大真人"，他们是真正的达到了古之道术的"真人"。"真人"已经是很高的境界了，而庄子在前又加了"博大"一词，足见庄子对老子、关尹思想的推崇。

关尹和老聃都是道家的重要人物，庄子对他们是惺惺相惜。所以看到庄子由衷地赞美这两个人，我总是想到"孩子是自家的好"这句话来。

原文

　　芴漠无形①，变化无常②，死与生与③，天地并与④，神明往与⑤！芒乎何之⑥。急乎何适⑦，万物毕罗⑧，莫足以归⑨，古之道术有在于是者。周闻其风而悦之。以谬悠之说⑩，荒唐之言⑪，无端崖之辞⑫，时恣纵而不傥⑬，不以觭见之也⑭。以天下为沉浊⑮，不可与庄语⑯，以卮言为曼衍⑰，以重言为真⑱，以寓言为广⑲，独与天地精神往来，而不敖倪于万物⑳，不谴是非，以与世俗处。其书虽瑰玮而连犿无伤也㉑。其辞虽参差而諔诡可观㉒。彼其充实，不可以已，上与造物者游㉓，而下与外死生无终始者为友㉔。其于本也㉕，弘大而辟，深闳而肆㉖；其于宗也，可谓稠适而上遂矣㉗。虽然，其应于化而解于物也㉘，其理不竭，其来不蜕㉙，芒乎昧乎，未之尽者㉚。

注释

①芴漠：空虚广漠的道体。芴，同忽，指道体而言。

②变化无常：指道的用而言。

③死与生与：承变化无常而言，变者从无到有为生，从有到无为死。

④天地并与：指有形而言，即天地与我并生。

⑤神明：指无形而言。

281

⑥芒：通"茫"。

⑦适：往。

⑧万物毕罗：万物与我为一。罗，排列，罗列。

⑨归：归宿。

⑩谬悠：迂远。谬，通"缪"。

⑪荒唐：虚诞，夸大。

⑫无端崖：无头绪，无边际。

⑬恣纵：无拘碍，恣意发挥。傥：指偏傥，片面。

⑭不以觭见：不偏不倚。

⑮沉浊：深沉污浊。

⑯庄语：庄重。

⑰卮言：无心的言论。曼衍：委曲遂顺，不拘常规。

⑱重言：为人重视的言论。

⑲寓言：寄托他人说的话。

⑳敖倪：犹傲睨，指轻视。

㉑瑰玮：奇伟，不平凡。连犿（fān）：随和。

㉒参差：长短、高低、大小不齐。諔（chú）诡：奇异，变幻。

㉓造物者：指天地。

㉔外：超脱。

㉕本：指道。

㉖深闳：深邃。肆：显露。

㉗稠适：相吻合。稠，本字为调。上遂：上达。

㉘应：顺应。

㉙蜕：蜕变。

㉚芒：通恍。昧：暗昧。未之尽：言未尽其道。

纪老师说

　　古时的道术说：虚空宁寂没有形迹，变化万千没有定规，无所谓死无所谓生啊，跟天地共存啊，跟神明交往啊！恍恍惚惚往什么地方而去，又惚惚恍恍从什么地方而来，万物全都囊括于内，却没有什么去处足以作为最后的归宿。

　　庄子说，哼，我就是这么做的！

　　庄子怎么做的？

　　他内心充实因而行文不能自已，上与天地结伴而游，下跟弃置死生、不知终始的得道之人交为朋友。他对于道的阐释，宏大而又通达，深远而又纵放；他对于道的探讨，可以说是谐和适宜而且达到了最高的境界。

　　关尹、老聃已经是高峰，但还是方术。第五家是庄子评庄子，虽然神妙莫测，但还是自居方术。庄子本人总结了前四家，到达方术的最高层面，并且通往道术。他评价自己能"独与天地精神往来，而不敖倪于万物。不谴是非，以与世俗处。"庄子能"独与天地精神往来，而不敖倪于万物"，可见庄子已经真正把握了道的本体，达到了智慧层面；庄子"不谴是非，以与世俗处"，可见其崇高的精神境界；"上与造物者游，而下与外死生、无终始者为友。其于本也，宏大而辟，深闳而肆；其于宗也，可谓稠适而上遂矣。"可见庄子已经超越了生死，与道同游，他论述道的根本，博大而通达，深广而畅达，论述道的宗旨，和谐妥帖而上达天意。庄子已经体证到了真正的道，达到了真正的逍遥。

　　庄子夸耀自己说：我就是这么傲娇，你们知道吗？

  很大程度上，庄子是在教我们要有一颗勇敢和坚强的心。就好比当李白醉吟出"天生我材必有用，千金散尽还复来"时，我们看到的是他那豪放乐观的心态；当刘禹锡吟出"病树前头万木春"时，我们看到的是他不怕挫折，勇往直前的心态……也许我们的心态是乐观的，是坚强的。

  也许，我们需要的不仅仅是借鉴，更重要的是摆正自己的心态。

原文

惠施多方①，其书五车，其道舛驳②，其言也不中③。历物之意④，曰："至大无外⑤，谓之大一；至小无内⑥，谓之小一。无厚⑦，不可积也⑧，其大千里。天与地卑⑨，山与泽平。日方中方睨⑩，物方生方死。大同而与小同异，此之谓'小同异'；万物毕同毕异⑪，此之谓'大同异'。南方无穷而有穷⑫。今日适越而昔来⑬。连环可解也⑭。我知天之中央，燕之北越之南是也⑮。泛爱万物，天地一体也。"惠施以此为大，观于天下而晓辩者⑯，天下之辩者相与乐之⑰。卵有毛，鸡三足，郢有天下⑱，犬可以为羊，马有卵，丁子有尾⑲，火不热，山出口⑳，轮不辗地㉑，目不见㉒，指不至㉓，至不绝㉔，龟长于蛇，矩不方㉕，规不可以为圆㉖，凿不围枘㉗，飞鸟之景未尝动也㉘，镞矢之疾而有不行不止之时㉙，狗非犬㉚，黄马骊牛三㉛，白狗黑㉜，孤驹未尝有母㉝，一尺之棰㉞，日取其半，万世不竭㉟。辩者以此与惠施相应，终身无穷。桓团、公孙龙辩者之徒㊱，饰人之心㊲，易人之意㊳，能胜人之口，不能服人之心，辩者有囿也㊴。

惠施日以其知与人之辩，特与天下之辩者为怪㊵，此其抵也㊶。然惠施之口谈，自以为最贤，曰："天地其壮乎㊷！"施存雄而无术㊸。南方有倚人焉，曰黄缭㊹，问天地所以不坠不陷，风雨雷霆之故。惠施不辞而应㊺，不虑而对，遍为万物说，说而不休，多而无已，犹以为寡，益之以怪㊻。以反人为实，而欲以胜人为名㊼，是以与众不适也㊽。弱于德，强于物，其涂隩矣㊾。由天地之道观惠施之能，其犹一蚊一蛇之劳者也㊿。其于物也何庸㊶，夫充一尚可㊷，曰愈贵道㊸，几矣！惠施不能以此自宁㊹，散于万物而不厌，卒以善辩为名。惜乎！惠施之才，骀荡而不得㊺，逐万物而不反㊻，是穷响以声㊼，形与影竞走也㊽。悲夫！

> **注释**
>
> ①方：方术。
>
> ②舛（chuǎn）：差错，错字。驳杂：杂乱。
>
> ③中（zhòng）：不当于道，不中肯。
>
> ④历物：分别观察万物，分析事理。
>
> ⑤无外：无有外部，无限大。
>
> ⑥无内：无有内部，无限小。
>
> ⑦无厚：无有厚度。
>
> ⑧积：重叠。
>
> ⑨卑：低。
>
> ⑩睨：偏斜的意思。
>
> ⑪毕同：完全相同。毕异：完全不同，完全相异。
>
> ⑫无穷：没有穷尽。
>
> ⑬适：到。越：越国。昔：昨天。
>
> ⑭连环：古时"连环"本不可解。
>
> ⑮燕：燕国。
>
> ⑯观：显示。晓：引导。

⑰乐：愿意。

⑱郢：楚国的都城。

⑲丁子：蛤蟆。

⑳山出口：山谷可传声，声从口出，所以山有口。

㉑轮不碾地：车轮只跟地一部分，而不是地，所以轮没跟地。碾，踩，压。

㉒目不见：眼睛看不见。

㉓指：指物的概念。不至：感觉不到。

㉔至不绝：指物不尽，即概念与事物完全相称是没有止境的。

㉕矩：画方的工具。

㉖规：画圆的工具。

㉗凿：卯眼，样眼。枘：榫头。

㉘景：影子。

㉙镞矢：箭头。疾：疾速，快速。

㉚狗：小狗。犬：大狗。

㉛黄马骊牛三：黄马骊牛为一个概念。分则为两个概念，相加为三个概念。

㉜白狗黑：白毛为白狗，眼珠黑为黑狗，所以白狗也是黑狗。

㉝孤驹：母马死后称孤驹，所以没有母。

㉞捶（chuí）：通棰，亦作箠；指鞭子。

㉟不竭：不尽。

㊱桓团：先秦名家学派人物。公孙龙：先秦名家代表人物。

㊲饰：掩饰，蒙蔽。

㊳易：改变。

㊴囿：局限。

㊵特与：专与。为怪：造出怪论。

㊶抵：通“抵”，大概。

㊷壮：大。

㊸雄：雄才。

㊹倚：通奇，异人。黄缭：楚人。

㊺不辞：不辞让，不谦虚。

㊻益：更加。怪：怪诞。

㊼胜人：辩胜别人。为名，为了名声。

㊽不适：不适于用。

㊾涂：道路。

㊿劳：功劳，功能。

(51)庸：用。

(52)充一：充当一家之言。

(53)愈：可以，宽愈。贵道：尊重道。

(54)此：指充一。宁：安宁。

(55)骀荡：使人舒畅。不得：不能得以正道。

(56)不反：知迷不返。

(57)穷响以声，以声音追逐回响。

(58)形与影竞走：用形体和影子竞走。

纪老师说

惠子和庄子可能就是一对死对头，以至于庄子的最后一篇的最后一部分，还没放过他。

在庄子看来，惠子懂得许多方面的学问，他的著述多达五车，但他的学说却乖背杂乱，他的言谈也多偏颇不当。喜好争辩的人们用无聊的命题跟惠子相互辩论，一辈子没完没了。而这样的话语，多而无用，违反实情，总是跟众人不合适宜。惠子不能够在这方面安下心来认真下点功夫，离散心神于外界事物又从不知道倦怠，最终只不过得到善辩的美称。

惠子是六家中最特殊的一家。《天下》篇描述惠子学术时既不谈方术也不谈道术。前面的五家（包括老聃和庄子）都是"闻其风而悦之"的方术，惠子则不然。惠子学术的特点，接近于现在的纯理论和纯学术，它脱离了政治、国计民生甚至个人。庄子阐发"内圣外王之道"反而不是所谓的纯学术。惠子虽然身居相国之位，但是他也研究"天与地卑，山与泽平"之类。他不再走古学的道路，在天地、万物之间论辩不休，跟神明也脱离了关系。庄子认为惠子"其道舛驳，其言也不中"，对他的"历物十事"与"辩者二十一事"提出尖锐的批评，指出"桓团、公孙龙辩者之徒，饰人之心，易人之意，能胜人之口，不能服人之心。"惠子虽善辩，然其未能真正把握"道"及智慧层面的东西，徒逞口舌之才，如庄子所说："由天地之道观惠子之能，其犹一蚊一虻之劳者也。其于物也何庸！夫充一尚可，曰愈贵，道几矣！"庄子认为惠子只看到了事物的绝对性，而否定相对性，认为"日方中方睨，物方生方死"。惠子解决问题的方式是以理性的逻辑推理"判、析、察"为主的认识方式，而没有用"配、醇、育、和"的直观体验来认识事物，所以惠子最后只能是"形与影竞走，悲呼！"。

纵观整篇《庄子·天下》，庄子一直在强调别人的好与坏，肯定一些，批评一些。想到什么就说什么，一点也不怕得罪人。诸子百家，他

看好哪个毫不掩饰，对于惠子这个一辈子的对头诡辩家，也提出了适当的批评和部分的肯定。两个人之间真是相爱相杀，理论不太一样，该讽刺的时候一点情面都不留。比如庄子写惠子像蚊子一样，尽做无用功。庄子肯定了他有才能，但马上话锋一转，有才能，却不做正经的事情，这就是"不安于道"。

想来惠子真是大度，和庄子相爱相杀这么长时间，从不计较。和惠子比起来，庄子虽然思想厉害，却像是一个任性的小孩。

如此说来，做人还是要努力的，还是要对这个世界温柔以待的。不过，万一这辈子也碰上个死缠烂打的死对头，也只能自认倒霉了！